湖南省教育科学"十三五"规划重大委托课题
"城乡家庭教育指导服务体系构建研究"（XJK20ZDWT002）研究成果

新时代父母
成长课堂66问

张晓阳　编著

湖南教育出版社

本书编委会

顾问：卢鸿鸣
编委会成员：
　　张晓阳　贺文杰　杨巧灵
　　何园竹　文国香

湖南省关工委主任杨泰波题字

长沙市关工委主任董学生题字

前　言

家庭是儿童青少年生活的港湾和发展的起点，家庭教育是国民教育的重要构成元素。家庭教育开展得如何，关系到孩子的发展，关系到千家万户的幸福，关系到国家和民族的未来。

2015年，习近平总书记指出："不论时代发生多大变化，不论生活格局发生多大变化，我们都要重视家庭建设，注重家庭、注重家教、注重家风。"此外，2015年教育部印发的《教育部关于加强家庭教育工作的指导意见》和2016年全国妇联等九部门共同印发的《关于指导推进家庭教育的五年规划（2016－2020年）》等都旨在加强家庭教育工作、积极发挥家庭教育在儿童青少年成长过程中的重要作用。2018年，习近平总书记在全国教育大会上指出："家庭是人生的第一所学校，家长是孩子的第一任老师，要给孩子讲好'人生第一课'，帮助扣好人生第一粒扣子。教育、妇联等部门要统筹协调社会资源支持服务家庭教育。"总书记的讲话以及国家一系列政策文件，充分体现了党和国家对家庭教育的高度重视，对儿童青少年的无比关爱，为新时代的家庭教育建设指明了方向。

随着社会竞争加剧，家长对家庭教育指导服务的需求日益增加，我国家庭教育事业发展日益迅速，但也存在一些令人担忧的问题：家庭教育市场纷繁复杂，家长不知如何选择；有些家长学了不少理论，面对实际问题依然束手无策；有些家长责任不清，过多依靠学校……凡此种种，既是家庭的痛，又是家庭教育的痛，也是家庭教育工作者的痛。

基于此，长沙市教育局关工委结合多年来从事家庭教育、举办家长学校所积累的丰富的工作经验，组织了以张晓阳老师为代表的家庭教育实战专家团，精心编选了家庭教育中的重点和难点问题相关案例，汇集成本书。

本书共四辑66篇：第一辑着眼于良好亲子关系的建立；第二辑强调读懂孩子，正确地爱孩子；第三辑介绍提升孩子学习效率的方法；第四辑关注对孩子心理健康及核心品质的培养。书中所涉及的案例均来自真实生活，"原因解读"栏目重在剖析原因，像剥洋葱一般层层深入地分析问题本质，找到问题的根源和症结；"引导建议"栏目是在找到问题症结的基础上，水到渠成地给出解决问题的方法与建议，对症下药。本书据事论理，深入浅出，通俗易懂，旨在帮助家长拓展思维，根据我们的"引导建议"，结合自己的实际情况，进行整合或调整，找到解决自家问题的有效方法。可以说，这是一本既有理论引领又有实践指导的"家庭教育工具书"，具有很强的可读性和可操作性，是值得让您带回家的"家庭顾问"。

家庭教育关系到儿童青少年的健康成长，关系到亿万家庭的幸福、和谐，使命光荣，任重道远。《新时代父母成长课堂66问》斗胆想为家庭教育事业的发展贡献一份力量，想为广大家长提供一种有针对性的家庭教育新视角、新方法。本书邀请家长们满怀善良、宽容和慈爱，去洞察孩子的变化，去呵护孩子的自信，用不同的标准去衡量孩子，客观对待孩子的长处和不足。只有家长触动了孩子内心深处那根最敏感的神经，才有可能在他们心灵的沃土播种上高尚情操的种子和积极进取的精神。

由于编者水平、经验有限，不足之处在所难免，敬请专家和各界同人提出宝贵意见，我们将竭力做出修正和完善。

目 录

第一辑 良好的亲子关系是有效家庭教育的基础

1. 父母如何建立良好的亲子关系 /3
2. 如何弥补家庭不和对孩子造成的不良影响 /7
3. 父母教育孩子理念分歧大，怎么办 /11
4. 是否该让孩子了解家庭财务情况 /15
5. 孩子爱撒谎，怎么办 /19
6. 孩子不愿意承认错误，怎么办 /23
7. 究竟要不要让孩子做家务 /27
8. 如何处理二孩家庭中的公平问题 /31
9. 孩子不接受弟弟妹妹，怎么办 /34
10. 孩子与父母对立，怎么办 /38
11. 如何帮助孩子找回自信 /43
12. 如何应对孩子的叛逆行为 /47
13. 儿子不喜欢他继父，怎么办 /50
14. 如何引导孩子面对奶奶的"刁难" /53

第二辑　读懂孩子是正确施爱的前提

15. 如何鼓励孩子大胆地在公众场合发言 /59

16. 孩子过于在意别人的看法，怎么办 /63

17. 如何培养孩子的同理心 /67

18. 如何帮助孩子改正说他人坏话的习惯 /71

19. 孩子易恼怒生气，怎么办 /74

20. 孩子总是喋喋不休、随意插话，怎么办 /77

21. 孩子总喜欢黏着父母，怎么办 /81

22. 孩子不愿与同学交往，怎么办 /85

23. 如何引导孩子正确交友 /89

24. 孩子为友情犯错，怎么引导 /93

25. 如何引导孩子远离校园欺凌 /97

26. 如何引导孩子与异性同学正常交往 /101

27. 孩子暗恋异性同学，怎么办 /105

28. 孩子有"同性恋"倾向，怎么办 /108

第三辑　科学引导是提升孩子学习效率的有效方法

29. 如何帮助孩子应对"开学综合征" /113

30. 如何帮助孩子设立有效的学习目标 /116

31. 如何让孩子坚持自己的兴趣爱好 /120

32. 孩子总是说得好却做不到，怎么办 /123

33. 孩子厌恶学习，怎么办 /127

34. 孩子有偏科现象，怎么办 /130

35. 孩子缺乏学习主动性，怎么办 /134

36. 孩子做作业磨蹭，怎么办 /137

37. 孩子不喜欢做作业，怎么办 /141

38. 孩子做作业马虎，怎么办 /145

39. 孩子上课总是走神，怎么办 /149

40. 孩子在老师面前不敢提问，怎么办 /152

41. 如何帮助孩子应对考试焦虑 /155

42. 如何面对孩子考试成绩不理想 /158

43. 孩子不愿参加课外补习，怎么办 /161

44. 如何帮助孩子处理好当班干部与学习之间的关系 /164

45. 如何引导孩子处理好学和玩的关系 /167

46. 孩子不喜欢自己的老师，怎么办 /170

47. 如何帮助孩子应对竞争压力 /174

第四辑 心理品质提升是孩子成才的基石

48. 如何培养孩子的自信心 /179

49. 如何培养孩子的责任心 /183

50. 如何培养孩子的抗挫能力 /187

51. 孩子攀比心重，怎么办 /190

52. 孩子嫉妒心强，怎么办 /193

53. 孩子自卑，怎么办 /196

54. 孩子有暴力倾向，怎么办 /199

55. 孩子有习惯性自残行为，怎么办 /202

56. 孩子有偷窃行为，怎么办 /205

57. 如何对孩子进行性教育 /208

58. 如何正确对待孩子的自慰行为 /212

59. 如何对孩子进行自我保护教育 /215

60. 孩子总爱照镜子，怎么办 /218

61. 如何帮助孩子处理负面情绪 /221

62. 如何培养孩子自理、自立的能力 /224

63. 孩子不适应新的学习环境，怎么办 /227

64. 如何引导孩子合理使用手机 /231

65. 孩子迷恋明星，怎么办 /234

66. 孩子有心想做"网红"，怎么办 /237

后　记 /241

致　谢 /243

第一辑

·········· 良好的亲子关系是有效家庭教育的基础

孩子听不听父母的话，很多时候取决于孩子跟父母的关系。亲子关系不仅是家庭教育的形式，也是家庭教育的内容，良好的亲子关系本身就是好的家庭教育。

什么是好的亲子关系呢？

好的亲子关系就是读懂彼此、相互尊重、相互理解、相互信任、相互支持、共同成长。它的出发点和归宿都是"爱"。

很多父母困惑于如何把握亲子关系的度：过于亲密，怕生溺爱；太过疏远，又怕孩子怨恨。良好的亲子关系是有效家庭教育的基础。家长们应该都听过"性格决定命运"这句话，那什么决定性格呢？从心理学和家庭教育的角度来说，孩子童年的亲子关系会内化到孩子的心里，成为内在的关系模式，这一套内在的关系模式形成了孩子成人后的性格，决定其命运。

父母是孩子的生命之源，如果孩子跟父母的关系不好，就像大树失去了根，也就失去了成长力量的源泉。遗憾的是，由于很多家长的教育方式不对，与孩子的沟通方式不佳，很多孩子的心在他们年纪很小的时候就对父母关闭了。家庭教育中出现了很多问题，其中很大一部分就是亲子关系的问题。

如何建立良好的亲子关系呢？从身边真实的案例中，我们可以真切地感知亲子关系中存在的种种问题，并从中学习处理亲子关系的方法和途径。

1. 父母如何建立良好的亲子关系

家长来信

我有一个女儿,聪明伶俐,学了舞蹈,很有气质。小时候为了培养她,我花了不少心思,选择做了全职陪读妈妈。当别的妈妈去逛街或打牌的时候,我都是在陪她去上补习班或者陪她出去玩。女儿现在上了初中,变得不爱和我出去玩了,想和同学出去玩,而且她回家跟我说不了几句话就进自己房间了,有时候还摔门、摔筷子,再也感觉不到她小时候我们之间的那种融洽氛围。有时候女儿还会冲我发火:说我监视她,说我老去她学校,还说我干涉她交朋友。我去学校也是因为过于担心她,而帮她把关交友范围也是为她好,可是她就是不理解我的良苦用心。前天我帮她整理书包,她还大发雷霆,说要我别动她的东西,还说我侵犯她的隐私。现在我们关系很糟糕,请老师帮帮我!

原因解读

青春期的孩子在生理、心理等方面都有了很大的变化,他们从懵懂的儿童时代进入青春时代。面对孩子的"转折期",家长需要学习和了解该年龄阶段孩子的身心发育特点。比如孩子在很小的时候对父母都有很强的依赖,也愿意与父母交谈。但是当孩子慢慢进入青春期,孩子开始有了很强的自我意识,感觉自己长大了,喜欢自己安排和主宰自己的学习和生活,不喜欢被干涉,对侵犯自己隐私的行为非常反感。他们需要被理解和尊重，需要有自己独立的时间和空间，希望被当作成年人一样来看待。在青春期，孩子需要进一步完成与父母的心理分离，希望和父母的关系是"亲密有间"，相处有边界。这种心理需求很正常也是必要的，只有这样，孩子才能更好地独立与成长。

案例中的亲子关系紧张还与"全职妈妈"作为一个独立生命个体本身的生活定位、人生定位有关。当一位母亲把自己的生活重心和生命的意义全部放在孩子身上时，可想而知，双方所承受的压力都很大，很容易导致亲子之间关系紧张、不和谐。

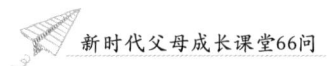

引导建议

天下没有天生成功的父母，好父母都是学出来的。家长需要学习如何在读懂孩子的基础上，进行有效的沟通，给予积极的疏导，这对建立良好和谐的亲子关系、引导孩子健康成长至关重要。

第一，理解和尊重孩子。

所有的教育都需要在了解与尊重孩子的身心发育特点和成长规律的前提下开展。真正的尊重，要允许孩子有与家长不一样的想法和观点，允许孩子有自己的秘密；要与孩子有界限，不能把孩子当作自己的私有财产，要把孩子当作一个有独立人格的人。正如信中的女孩希望妈妈与自己有一定的界限——希望自己整理书包，希望自己选择交往的朋友，喜欢与朋友在一起——这些都是需要家长理解并尊重的。尊重当然不是消极地什么都不管、放任自流，而是积极地、不动声色地引导孩子成长的方向，把握住原则和底线。

第二，讲究教育的方法和艺术。

中学时期的孩子要面对各种各样的问题，如身体发育、学业成绩、人际交往、亲子关系等，总之压力不小。所以家长的教育方式不能太随意、太呆板、太单一，需要更多的教育方法和艺术，比如要多信任少怀疑、要多尊重少干

第一辑 良好的亲子关系是有效家庭教育的基础

预、要多关注孩子情绪少关注事情、要多谈生活少谈成绩、要多鼓励表扬少打击嘲讽等。

第三,父母要努力活出让孩子钦佩的样子。

很多陪读父母因为照顾孩子没有了自己的生活和追求,时时刻刻想着如何教育孩子,把自己的心血全部放在孩子身上,孩子的任何变化都会牵动父母焦虑而紧张的心。孩子不可能也不应该承载父母的人生以及他们未完成的目标和梦想,否则会导致孩子的压力太大,从而产生焦虑与逆反,造成亲子关系紧张,教育效果反而不理想。父母要有自己的社交圈子、自己的兴趣爱好、自己的人生规划、自己的梦想追求。当父母有了自己的正常生活,努力活出让孩子钦佩的样子,自己将拥有更多的精神支持,也会带给孩子更多的心灵自由和成长力量,这样才有可能实现教育的最高目标——让孩子成为他自己!

拓展读吧

你的孩子其实不是你的孩子

纪伯伦

你的孩子,其实不是你的孩子,
他们是生命对于自身渴望而诞生的孩子。
他们通过你来到这世界,却非因你而来,
他们在你身边,却并不属于你。
你可以给予他们的是你的爱,却不是你的想法,
因为他们自己有自己的思想。
你可以庇护的是他们的身体,却不是他们的灵魂。
因为他们的灵魂属于明天,
属于你做梦也无法达到的明天。

你可以拼尽全力,变得像他们一样,
却不要让他们变得和你一样,
因为生命不会后退,也不在过去停留。
你是弓,儿女是从你那里射出的箭。
弓箭手望着未来之路上的箭靶,
他用尽力气将你拉开,
使他的箭射得又快又远。
怀着快乐的心情,在弓箭手的手里弯曲吧,
因为他爱一路飞翔的箭,
也爱无比稳定的弓。

2. 如何弥补家庭不和对孩子造成的不良影响

家长来信

我是一个6岁孩子的妈妈,最近跟孩子爸爸大吵了一架,结果被孩子撞见了。我们知道吵架对孩子不好,所以有冲突的时候会尽量回避孩子。那天我们因一点小事发生争执,吵着吵着,从门后面突然传来女儿的哭声,原来她不知道什么时候躲在了门后面,被我们的吵闹声吓哭了。打这之后,我发现女儿变得有些敏感,只要我跟她爸稍微有点情绪冲突,她就显得特别紧张,然后盯着我们说:"不许吵架!"我很担心之前的那次吵架给她造成了心理创伤,面对这种情况,我该做些什么来补救呢?

原因解读

在日常生活中,父母之间难免因遇到矛盾而发生争吵。但是,家长们要清楚的是,家庭不和会对孩子产生负面影响。长期不和的家庭氛围会影响孩子的性格、人际沟通模式及对婚姻的态度。

信中的孩子一直生活在父母有意营造的良好家庭氛围中,偶然窥见父母间激烈的争吵,那种激烈冲突中的愤怒、怨气、痛苦、攻击等情绪给孩子幼小、脆弱的心灵带来了"地震"般的强烈冲击和震撼,让她感到害怕和不理解,甚至产生不安全感,所以会对父母之间的关系显示出不同以往的关注,甚至变得紧张、焦虑和敏感，这时需要父母及时发现问题并进行科学的引导。

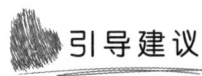

引导建议

第一，告诉孩子吵架的真相，缓解孩子的焦虑。

父母之间完全不吵架似乎不太现实，难以做到！在日常家庭环境中，有亲密和谐的时候，也有产生矛盾以致吵架的时候，但我们可以达成一个共识：建立和维持亲密和谐的家庭关系是我们始终追求的目标。

吵架后，父母可以找一个恰当的时机跟孩子沟通，尽量用孩子能理解的语言告诉他们：父母为什么生气，以及争吵的原因。其中更重要的是要表达清楚"人际关系中的冲突与互动是怎么形成和解决的"，甚至要主动承认自己不够理性、不够成熟，跟孩子解释说："爸爸妈妈今天吵架了，这不是你的错，跟你没关系。我们不应该这样，爸爸妈妈这样做是不对的。"父母还要明确而坚定地告诉孩子：爸爸妈妈会积极面对冲突，并且会很快和好。以此消除孩子的担心与焦虑。

第二，营造和谐家庭氛围，给予足够的爱和支持。

很多时候，父母吵架是无意识中发生的，大多数是可以避免的。营造和谐的家庭氛围需要父母不断地进行自我觉察与学习提升，尤其是在情绪管理、爱的表达、构建亲密关系和亲子关系等方面，好父母一定是学习出来的。

如果父母确实吵得比较厉害，并且已经给孩子造成比较大的压力和伤害，又该怎么办呢？这种情况下，父母要引导孩子把心里的难过说出来，让他们宣泄出来，这很重要。父母的问题只能靠自己慢慢解决，但只要孩子能表达出自己的情绪，孩子的问题就解决了大半。

家长可能不善于也难以开口和孩子谈论这些大人之间的事情，但有一点无论如何要做到，那就是让孩子知道你已经看到他内心的恐惧和担忧，哪怕只是默默地陪他坐一会儿，为他做一件不起眼但很特别的事，孩子都会敏锐地觉察到来自父母的关爱和支持,心中的焦虑和不安也就得到了缓解。

第三,做足够好的父母,为孩子做良好示范。

孩子人际交往模式的形成及解决冲突方法的获得,首先来自对父母的观察与模仿。一个经常与别人发生冲突的孩子,背后很可能有经常发生争执的家长。吵架后,在面对孩子时,父母不能为了维护家长尊严或个人脸面而死撑不道歉,同时也不能总是把"对不起"挂在嘴边。

父母需要有和好的仪式,最好在孩子面前表达,以此让孩子懂得两点:第一,吵架是对事不对人,父母在处理事情但不会伤及感情,最终呈现给孩子的家庭氛围一定是亲密和谐的;第二,父母要有行动上的示范,吵架了要有道歉,道歉要体现在父母的言语与行为中,比如吃"家庭和谐餐"或互赠歉意小礼物等,这也是为孩子未来处理人际关系问题做出良好示范。

家家有本难念的经,父母也不必为吵架这种事过分担忧。要让自己过得幸福,成为孩子的榜样;也要让孩子明白,父母期望孩子能够自己走自己的路,得到属于自己的幸福。

来自一个孩子的心声:家庭不和对我的影响

从我很小的时候开始,我爸妈就不和睦,他们不只争吵,更多的是冷暴力。我爸是那种家庭观念很淡薄的人,经常打麻将打到凌晨两三点。我妈在我初中时就告诉我,要不是因为我,她早就和我爸离婚了。每次我听到这种话都还挺烦恼的,感觉自己来到这个世界上就是个错误。

原生家庭不和睦对我性格的影响是很大的,特别是当我谈过恋爱之后,自己性格中的缺陷就体现得更明显。我会感到自卑,缺乏安全感,不懂得如何爱别人,遇到问题只会逃避,不知道如何积极面对。我总是想让自己表现得更开朗、更乐观，别人也以为我很开朗，其实我是一个很悲观的人。

父母之间彼此伤害，能为一些鸡毛蒜皮的事吵到不可开交，然后是无休止的冷战。他们相互之间不满意，吵了二三十年，一直都没有改变。或许他们爱自己胜过爱孩子。我不敢面对他们冰冷的面孔，就只能逃避，成为一个没心没肺的人。哥哥很小的时候经常上学时偷偷溜回家，看妈妈是不是跑掉了，他和我一样害怕，但不得不面对。我们在不该背负沉重心理负担的年纪背负了太多。

家庭的不和睦导致了我深入骨髓的自卑。我心里一直觉得自己不如别人。身边的朋友说你可以找个条件好的男朋友，但因为自卑，我觉得家庭环境如此糟糕的我没有资格找条件好的。一直以来我都羡慕身边的很多人，觉得自己各方面都比不上人家，这也严重影响了我的工作和人际交往。

3. 父母教育孩子理念分歧大，怎么办

家长来信

我是一个11岁男孩的妈妈，别人家都是妈妈主要负责带孩子，呼吁爸爸的参与。我家孩子他爸倒是很想管孩子，只是我们俩的教育理念不一样，各有各的想法，而且还互相看不上对方。比如我觉得孩子需要严格管教，孩子他爸觉得孩子已经上六年级了，能够自己安排时间，不需要过多管教；再比如我觉得男孩子应该穷养，孩子他爸则认为男孩子身上要有一些零用钱，这样孩子在生活、学习、交友等方面更有底气，也更方便自主安排一些事情，毕竟男孩子很看重面子和自尊。因为这些教育理念的不同，我俩没少争执和理论，结果谁也说服不了谁。可孩子却会利用这一点从中"取巧"，比如我在家时他就认真学习，而他爸在家时他就特别懒散。我真不知道该怎么办才好。

原因解读

不管家长的受教育程度有多高，都不可避免地在教育理念上或多或少出现分歧。人与人之间的思想本就有所不同，再加上各自成长的家庭环境的不同，家长在育儿理念上自然会持有不同的观点。

家长不用过于担心这种教育分歧会给孩子带来不利影响，因为大家的出发点是一致的——为了孩子好。在有分歧的时候，做到心平气和地谈一谈，表明

各自的想法，分析其中的利弊，拓宽彼此的视野，尽量去接受对方的想法，找到新的交集，达成新的共识。

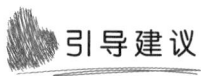
引导建议

第一，教育的出发点是培养孩子，父母的首要任务是了解孩子。

因材施教是孔子在两千多年前提出的教育理念，从某种意义上说就是没有一种特定的教育方法会适合所有孩子。父母只有充分地了解孩子，才能够根据孩子的特点实施有针对性的教育，根据孩子的成长变化不断地改进和调整教育方法，这才是最佳的教育方式。

第二，父母归位，各自分工，扮演好自己的角色。

"严父慈母"是我们传统文化中对父母的角色定位，这说明在家庭中父母是有各自的职能分工的。在养育孩子的过程中，父母双方要明确哪些方面主要由哪一方负责，哪些方面必须双方商量着进行。比如，孩子的日常生活主要由母亲照顾，所以这方面的规矩由母亲设立；孩子的社会活动主要由父亲引领，所以人际交往等方面的规范由父亲设置。父母在各自擅长的家庭教育领域做好分工，能大大减少意见不合的情况。结合当前许多父亲在教育方面"缺位"的状况，建议爸爸们要多承担一些责任，多参与家庭教育，多支持孩子母亲的工作。

第三，要相互尊重，私下统一意见，切忌在孩子面前指责对方的教育方法。

当一方不认同另一方的教育方法时，不要在孩子面前指责对方，要避免正面冲突，要积极地寻找适当的时机和方法来解决这个问题。家长一定要注重彼此交流，共同探讨教育孩子的问题，认为对方的方法不妥，可以寻找适当的机会心平气和地跟对方进行讨论。

注意维护对方在孩子心中的形象和威信。没有威信的父母是不可能教育好孩子的。为了使孩子更好地接受父母的教育，父母双方更要互相尊重、爱护，维护彼此的威信。

第四，不断学习和成长，勿让自己的负性经历影响孩子教育。

很多父母教育孩子的方式常常带着自己童年的印记，这些来自原生家庭的印记表现各异：有的父母自身从小接受的家庭教育很严厉，那么他可能对孩子很宽容；有的父母以前生活很艰苦，现在可能竭力想给孩子一个富裕的成长环境；甚至有的父母觉得自己就是在打骂中长大的，故而觉得教育孩子时打骂不可避免……父母需要一起学点心理学和教育学的知识，去觉察和修复彼此心灵上的伤痕，在相互支持中共同给孩子创造良好的成长环境，向同一个目的地前行。

拓展读吧

谁家教育孩子没个分歧

韩雪丽

孩子刚上小学，母亲就开始给孩子报各种培训班。

有学英语的，有辅导作文的，有练珠心算的，有教跳舞的……父亲不乐意了，这样弄下去，孩子比大人还忙，周末也没个活动时间，他说这样剥夺了孩子的童年乐趣。

母亲不悦："你懂什么，有的孩子没上学已经会背诵几十首唐诗，已经认识几十个英语单词，还能打算盘，咱的孩子已经输在了起跑线，要奋起直追。"

父亲还是坚持：如果要上培训班，不能超过两个。夫妻二人争执不下，最后问孩子，孩子说："我什么也不想上，我的作业已经不少了。"夫妻二人还在争执。

最后父母还是达成协议，报了两个培训班：一个英语班和一个珠心算班。母亲说，英语要从娃娃学起，这样发音准；珠心算意义更大，是为数学打基础。

父亲其实是想让孩子学作文和舞蹈，因为孩子明显喜欢跳舞和背诗，这样可以遵从孩子的兴趣和意愿，可最后不得不妥协了。

在母亲的坚持下，爱好不重要，重要的是技能。

当父母激烈争论的时候，孩子已经在沙发上睡着了。

4. 是否该让孩子了解家庭财务情况

家长来信

我孩子在读七年级，他最近闹着想要买一款一千多块钱的篮球鞋，我不同意买，为此和他闹了矛盾。其实说实话，我们家平常在生活上真没有亏待过孩子。他爸做一些小生意，家里条件也不差，一般孩子想要什么，只要不是特别过分的要求，我们都会满足。比如说篮球鞋，现在家里都有七八双了，但他还要买，我觉得这就是奢侈消费。

我跟孩子沟通过，他就觉得家里有钱不给他用，对爸妈有意见，但其实我们家经济也不是那么宽裕，家里家外也有好多开销。我看邻居家的孩子就极少跟父母提出要买什么东西，他家里条件其实也挺好，但父母一直跟孩子说家里还背负了好多贷款，所以孩子体谅家里。那我是不是也应该跟我家孩子说下家里的财务情况，或者在他面前"哭哭穷"，让他少提一些不理性的消费需求？

原因解读

是否该向孩子公开家庭财务状况，是困扰很多家长的一个问题。

有的家长不愿意让孩子养成奢侈消费的习惯，想让孩子也能保持艰苦朴素的消费观，所以不跟孩子说家庭的经济情况，或者在孩子面前"哭穷"，让孩子在经济方面有紧张感，不敢随意挥霍。

还有的家长则秉持"再苦不能苦孩子"的理念,即使家里经济条件一时跟不上孩子的需求,但只要孩子有要求,不管要求合不合理,父母即使节衣缩食,也要努力满足孩子的要求。

这些做法其实都是不正确的,都不利于孩子及早地形成正确的理财观念:前者容易让孩子无法形成金钱上的安全感,在人际交往中过于焦虑和不自信;后者则会让孩子形成攀比和虚荣的心理,只一味索取,不懂得为家庭付出,形成不良的消费观念。这两种教育理念表面上是爱孩子,其本质却是在剥夺孩子培养自己理财能力的机会。

其实从孩子懂事起,就可以逐步地培养孩子的财商,慢慢让孩子了解家庭的经济状况,适度让孩子参与家庭理财。这样孩子会有一种主人翁意识,把父母的钱也当成自己的钱来看,在了解了家庭的实际财务状况后,就会对自己的消费需求有一个清晰的认识。

父母也应该对孩子做到平等和坦诚相待,适度地让孩子了解家庭的收支情况,使其参与到家庭理财优化决策中,形成理财的意识。

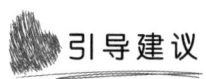

引导建议

第一,让孩子了解家庭收入和支出的内容。

父母要让孩子适度了解家庭的收入和支出的具体内容。父母最好准备一个家庭的记账本,清晰地记录好每日的家庭开销。这样能够让孩子明白,每个月家庭的支出有多大,钱都花在了哪些地方。父母还要让孩子知道,家庭每个月都有哪些进账,这包括让孩子知道父母的工资情况,以及家庭固定投资的数目和收益率。

账本应该放在家庭成员都知道的位置,父母应该鼓励孩子经常翻看账本,了解家里的收支情况,让孩子也成为关心家庭财务情况的一员。父母不要担心孩子知道家庭的财政状况,要明白让孩子参与理财活动,才能够更好地培养孩子养成良好的理财意识，优化孩子的消费习惯。

第二，让孩子为家庭财务献言献策。

父母在向孩子公开了家庭的财政收支状况之后，孩子肯定也会有一些自己的想法。父母要以鼓励的态度来听取孩子的观点和意见。平时家里的一些投资计划也可以适当地让孩子参与其中。一是让孩子了解相关的理财知识，二是让孩子也参与到家庭的理财决策中来。父母可以积极采纳孩子的合理观点，并对孩子提出表扬；而对于孩子的一些不成熟的观点，父母可以清楚地告诉孩子，哪些地方不成熟，如何进行改进。

这样能让孩子认识到自己在家庭中也可以发挥重要作用，可以为家庭尽一份力。在日常生活中，孩子就会愿意主动了解和思考相关的理财知识。

第三，让孩子做一天家里的"财务主管"。

父母可以让孩子来当一天家里的财务主管，或者拿出一笔小额资金让孩子开展自己的理财活动，让孩子来实践一下自己的理财心愿。这样可以让孩子了解家庭一天的正常开销，同时还可以鼓励孩子思考有没有办法优化现有的消费计划。

这种理财体验能让孩子学会换位思考，有利于孩子在以后的生活中更客观地看待父母的决定。他们也不会再向父母提出不合理的消费需求，也能更好地支配自己的零花钱。

父母适度向孩子公开家庭收支情况，会让孩子更清楚父母的辛勤付出，同时也有利于全家人共同献言献策，让家庭的经济管理得更好。

拓展读吧

有这样三个少年，他们各自有 1000 元的压岁钱，然后每个人都用自己的方式去使用这笔钱。

第一个少年，把 1000 元放在父母那里，等他 18 岁时拿出来，还是 1000

元。他养成了守财的习惯。

第二个少年,爸爸让他从小就学着买卖儿童玩具,他用1000元的资本赚回了10000元,也知道了钱该怎么用。更重要的是,到了18岁时,他拥有了大幅领先同龄人的财商。后来,他成为了一名成功的企业家。

第三个少年,他拿着1000元钱,买吃的东西、买玩具、充游戏点卡,一个月就把1000元花了个精光。时光匆匆,少年长大成人,成了一个"月光族"。

一个人的智商,先天占了很大部分,但财商却很大程度取决于家庭的教育。

5. 孩子爱撒谎，怎么办

📧 家长来信

我儿子今年快13岁了，长得虎头虎脑，身体很棒，体育方面很擅长，同时他也很聪明，数理化学得都不错，平时也很懂礼貌，他和我们谈话时态度大多时候还算好，唯独有一点让我很生气，那就是他很喜欢撒谎。

其实最早发现他撒谎是小学的时候。当时他打了同学，有其他同学看到了，但是他说没有打。老师把我喊过去，我气不打一处来就打了他，当时他看起来很伤心，但是我觉得不能让他养成撒谎的坏习惯，要严肃对待这件事。儿子上了初中后，跟我们说中午要在学校做作业不回家吃饭了。因为学习任务很重，回家吃饭时间不够，我提出帮他送饭，他说不用，所以儿子中午就在学校食堂吃饭。有一次我做了好吃的主动送去，结果发现他根本没有在教室学习，他的同学告诉我他在操场打篮球，我气冲冲地跑过去，发现他果然在打篮球，就把他狠狠地教育了一番。这次教育的效果并不大，儿子依然以各种借口中午留在学校，我猜就是在打球。我也听到他无意中和他表弟说过："他们家长生活中也会撒谎。"但是那真的是为别人好而撒的谎。其实我对孩子的品德教育是很关注的，有时候我也会跟他说："你可以跟我讲实话，我不会责备你。"但是他依然如故。我现在该怎么办呢？

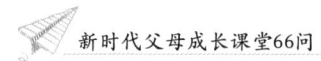

原因解读

孩子很小的时候,他的内心对父母是完全敞开的,如果父母能够接纳孩子的情绪,关注孩子的感受,孩子会愿意与父母交谈,愿意说出自己的心里话。只有在孩子觉得不被理解、没有得到接纳时才会慢慢地开始设防,不愿意跟父母说出内心的真实感受,同时对父母失去安全感和信任感。信中父母对儿子的教育主要是打骂,这会让孩子感觉到没有被理解和尊重。

信中孩子撒谎的主要原因主要有两点。其一是受童年事件的影响。比如小学那件事情,妈妈并没有去问孩子原委,没有给孩子解释的机会,很冲动地打了孩子,这可能给孩子带来了很深的影响,让孩子觉得最重要的不是说实话,而是如何避免惩罚。其二是受父母行为的影响。父母有时会说一些所谓的善意的谎言,大人可能觉得无所谓,而孩子却会记在心里,为自己撒谎找到了充分的理由。

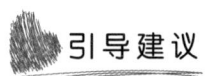

第一,理解孩子。

父母要觉察孩子说谎背后的动机。比如信中的男孩喜爱篮球运动,可能父母并不支持甚至不允许,所以他才编出各种理由来应付父母。父母要理解和信任自己的孩子,不要一旦孩子做出的行为与自己的期待不相符就认为孩子在撒谎。即使孩子有时候没有说真话,也不要随意给孩子贴上爱撒谎的标签,而应该积极引导孩子说出真实情况和不诚实行为背后的动机。

第二,与孩子真诚沟通。

从信中可知,小学的那次经历让孩子十分伤心,对其成长产生了一定的负面影响。母亲现在应该与孩子真诚地沟通,问问孩子当时的具体情况是怎么样的,他当时是出于什么想法和感受才说出那样的话,母亲也可以说说自己的感受,双方进行坦诚的交流。如果孩子有委屈或愤怒,就让情绪自然地流露。

第三,父母要以身作则。

从信中可以看出,母亲自己说谎的经历给孩子留下了不好的印象。当要求孩子不能撒谎时,家长自己也要做到,特别是孩子在场的时候。父母以身作则,发挥榜样作用,才能达到良好的教育效果。

第四,给孩子一些自由空间。

从信中可以看出,孩子认为只有通过撒谎才能得到他想要的一点自由,才能去做自己想做的事。为了避免这种情况出现,父母应该适当地给予孩子一些自由空间,并和他们商量如何做才能达到学习和娱乐两不误。比如孩子喜欢打球,父母可以和孩子商议一个打球的时间安排,在保证完成学习任务的前提下,孩子可以按照计划安排去打球。这样孩子也就不会为了打球而撒谎。

正人先正己

在美国的加利福尼亚州,有一位女士养了一只名贵的鹦鹉。这只鹦鹉非常美丽,可是它却有一个坏毛病:经常咳嗽,并且声音沙哑难听,好像喉咙里塞满了令人作呕的痰。

女主人十分焦虑,急忙带它去看兽医,生怕它患上了什么呼吸系统的怪病。

检查结果证明,鹦鹉完全健康,根本没有任何毛病。女主人不解地问医生为什么鹦鹉会发出难听的咳嗽声,医生回答说:"俗话说,鹦鹉学舌。它之所以会发出咳嗽声,一定是因为它经常听到这样的声音,你们家有人经常咳嗽吧?"

这时,女主人有些不好意思了。原来,她自己有抽烟的习惯,所以经常咳嗽,鹦鹉只不过是惟妙惟肖地把女主人的咳嗽声模仿出来了而已。

第一辑　良好的亲子关系是有效家庭教育的基础

6. 孩子不愿意承认错误，怎么办

家长来信

我和丈夫在几年前离婚了，儿子由我带着，为了教育好儿子，我看了很多育儿书。从七年级下半学年开始，我就发现儿子不再像以前那样听话了；到了八年级，老师也和我反映他在学校开始不服管教，尤其表现在他不肯承认错误这一点上。比如他上课讲小话严重影响了班级课堂纪律，老师找他谈话，他不肯承认错误，老师很生气并要他在班上做检讨，他也不愿意上台去做检讨。老师最终还是原谅了他，但是让我回家好好教育他。其实不仅在学校如此，他在家也是这样，做错了事情也不愿意承认错误，态度也不好。我可以容忍他学习方面还不够优秀，但是我觉得人品是最重要的，他这样知错不认错让我很生气。我不知道他是不是受他爸爸的影响，他爸爸自尊心很强，也很倔强，做错了事不会道歉，我和他爸爸离婚也有这方面的原因。面对儿子总是不愿意承认错误，我该怎么办？

原因解读

孩子不愿意承认错误，可能有多方面的原因。其一，可能受父亲的影响。虽然父母离异，但是父亲性格和行为的影响是根深蒂固的，儿子会把父亲作为自己的榜样，即使没有天天在一起，也会受到父亲的影响。其二，孩子正处于青春期，具有很强的自我意识，面对一件事情，不再是一味地听从家长和老师的意见，而是有了自己的判断。这种判断有时候与家长、老师的观点不相吻合，所以家长和老师认为孩子有错，而孩子本人不觉得有错。何况孩子还有可能是为了彰显个性，显示与众不同而做出一些事情。其三，孩子可能曾经有过不好的经历。比如被冤枉而被迫承认错误，或者当他承认错误而道歉的时候，没有得到包容和理解，反而受到特别严苛的对待，这让他因不想重复不愉快的经历而不愿意承认错误。

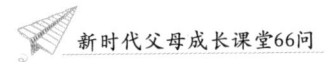

引导建议

第一，理解孩子，倾听孩子。

当孩子不愿意承认错误时，先不要责备，而是耐心地听孩子倾诉。孩子觉得自己没有错，那就听听他的理由，在倾听过程中我们可能会发现孩子有他自己理解问题的角度和方法，我们要给予孩子表达的权利，觉察孩子行为背后的正面动机。

第二，要允许孩子犯错。

教育可以在玩中学、在做中学，也可以在"错"中学，所以当孩子犯错时，其实是一个很好的教育机会。老师、父母眼里的孩子所谓的一些错误，对孩子来说是成长中的宝贵经验。孩子不断"犯错误"的过程，正是其不断改正错误、自我完善的过程。

第三，孩子犯错时要把人与事分开对待。

每个孩子内心都想做妈妈眼里的好孩子，自己犯了错后，内心也是有所触动的，但是他们往往担心自己做错事了就不再是好孩子了，所以家长要把人与事分开。我们说事情的时候，要就事论事，不要因为孩子犯了错就否定孩子这个人。孩子犯错后要进行教导，但是最后记得拥抱一下孩子，告诉孩子不管他做错了什么，父母依然很爱他，会陪他一起解决问题。

第四，给予孩子尊重与包容。

孩子到了青春期，越来越重视自己在别人心中的形象，也看重面子。当孩子做错事情时，不要在很多人面前批评他们，可以私底下一对一地去教育。对一些无关乎原则的小错，不要每次都严厉地指出，适当的时候点到为止。如果家长无论大事小事都批评数落孩子，时间久了，孩子的自信心会渐渐丧失，很可能出现破罐子破摔的状态。因此，家长平时应该多鼓励孩子，让孩子拥有存在感和价值感。

第五，尊重孩子对父亲的态度。

建议信中的母亲不要在孩子面前总是提及或指责孩子父亲的不足和缺点，这样只会让孩子倾向于通过模仿父亲的缺点来认同父亲。母亲应该允许孩子与父亲保持密切联系，同时多说说父亲的优点，比如他后来成熟了，也很有担当之类的话，这样孩子会更倾向于去模仿爸爸的优点和长处。

拓展读吧

格伦幼年时，有一次他从冰箱里拿出一瓶牛奶，谁知手一滑瓶子掉到地上，牛奶全洒了！妈妈走过来，没有责备也没有教训，更没有惩罚。相反，她说："格伦，你做出了多棒的垃圾！我还从没有见过这么大的一摊牛奶呢！既然已经这样了，儿子，你愿意在'奶河'里玩一会儿吗？""当然！"格伦高兴地玩了一会儿后，妈妈又说："不管怎样，你把地上弄得一团糟，你得打扫干净，我们可以用海绵、拖把或抹布，你想用哪一种呢？"格伦选了海绵，和妈妈一起把地板上的牛奶擦干净了。

收拾完以后，妈妈又说："今天我们做了一个失败的尝试，没能让你的小手抓住这个大牛奶瓶子。现在，我们到院子里去给瓶子装满水，看看你能不能发现怎样抓得住、掉不了！"格伦很快就发现，只要他两手握紧瓶嘴，瓶子就

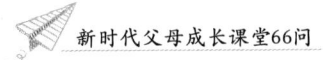

不会掉下了。

格伦长大后成了一位科学家,后来他回忆说也就是从这次意外泼洒牛奶后,他意识到不用去害怕犯错误。他认为,错误只不过是通向未知的大门,而那些未知是科学新知的源泉,即使不能从错误里发现什么,也能从中学到一些有价值的东西。

第一辑　良好的亲子关系是有效家庭教育的基础

7. 究竟要不要让孩子做家务

家长来信

我前天跟儿子大吵了一架，原因是我发现他将换下来的袜子丢在门后几天了一直没洗。我发现后就提醒他，让他赶紧洗干净，他当时答应得好好的，结果前天我进他房间一看，不仅之前的没洗，还多了一双新换下来的。我叫他立刻去洗，他还说我"小题大做"！

因为儿子不做家务的事情，我们起冲突也不止一两次了。以前我婆婆住这儿的时候，基本不让他动手，只要把学习搞好，什么事都不用他做。当然，我不同意这种做法，我觉得他已经是初中的男孩子了，还要家里人帮助洗袜子和内裤，将来出去读书，怎么自理生活？为此我跟我婆婆也有过一些冲突，现在我婆婆去小叔家里住一段，我想趁机把孩子的这坏习惯改正过来，但是不知道要怎么做才好。

原因解读

要不要让孩子做家务，一直是一件有争议的事情。有的家长觉得孩子读书已经很辛苦了，还把时间和精力用在做家务上会耽误学习；有的家长觉得不能太娇惯孩子，不能把孩子培养成"读书机器"，否则孩子长大后自理能力会很差。

那么，做不做家务对孩子的影响到底有多大呢？哈佛大学的学者曾经做过一项调查研究，得出了一个惊人的结论：爱做家务的孩子和不爱做家务的孩子成年之后的就业率之比为15∶1，犯罪率之比为1∶10。此外，爱做家务的孩子长大后离婚率相对较低，其心理疾病患病率也更低。

事实的确如此。从小做家务的孩子，接触并体验父母日常为家庭所做的事情，更能体会到父母的不容易，从而也会更加关心自己的父母。同时，他们也更容易对他人的需求做出回应，产生同理心，设身处地地为他人着想。这种对他人的关爱和同理心也会让他们收到同样的回馈。有良好情感互动的人，幸福感自然会很高。

此外，在孩子的成长过程中，家务劳动与孩子的动作技能、认知能力的发展及责任感的培养也有着密不可分的联系。

所以，因为心疼孩子而不让其做家务，反而是对孩子综合能力培养机会的剥夺！但在实际生活中，也有家长发现，想让孩子做家务，孩子却不肯动手。那么应如何对孩子进行正确的教育和引导呢？

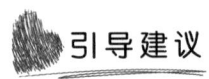

引导建议

第一，先要忘记"完美主义"。

对刚开始尝试做家务的孩子来说，积极参与比起结果来说更为重要。如果孩子袜子洗得不够干净，桌子擦得不够亮，一定不要去批评他们的劳动成果，甚至自己再重新做一遍，并抱怨他们的努力只是"白费工夫"。批评和指责只会挫伤孩子的自信心，更会降低他们下次参与的意愿。况且，如果某项工作要求孩子每次都必须完成得尽善尽美，那这绝对不是一项适合孩子尝试去做的工作。

第二，让孩子感受自己对家庭的重要性。

孩子平时更多的是在接受爱与照顾，感受到的是"输入价值"，而做家务是让孩子尝试"输出价值",体会自己在家庭中存在的意义。所以父母要让孩子知道,他们的参与对家庭有多么重要。家中可以每两周召开一次家庭会议,除探讨一些家庭议题外,父母还可以在会议上告诉孩子,他们所承担的家务对家庭有多么重要。

第三,给孩子选择家务劳动的权利。

父母可以给孩子提供一份关于他所能做的家务活的清单,让孩子自己去选择其中的一两项来完成,其他家庭成员也确定好自己的工作,并将这份清单张贴在客厅显眼的位置。家庭成员还要确定好自己完成所承担家务的时间,以便相互提醒和监督。这样做可以满足孩子自主选择和把控的意愿,从而心甘情愿地去完成自己选择的工作。当然这份家务清单可以定期调整一次,以保证任务的新鲜感。

第四,将任务尽量细化,并做出示范。

一个宽泛而模糊的任务(如要孩子把房间收拾好)可能会让孩子产生畏难情绪或者感觉无从下手。所以要把一个任务拆分成几个步骤(如要孩子先把脏衣服放进洗衣篮里,再把书放到书架上摆整齐),这样孩子会更容易接受。另外,如果是比较复杂的工作,父母可以主动给孩子做示范,并请记住,要保持耐心,忘记完美主义。

第五,不要使用金钱或其他物质奖励。

表扬和奖励会对孩子养成良好的习惯起到极大的帮助,但滥用物质奖励(如每洗碗一次奖励5元钱)会将孩子为家庭付出而获得的成就感演变成单纯为钱而劳动。这种物质刺激在短期内见效快,长此以往却会使孩子厌恶做家务。

有效的策略应该是适当地向孩子表达感谢,并将家庭作为一个整体进行奖励。如制订一个合理的家庭计划:把每个人所要完成的任务绘制成一张图表,当孩子和父母都完成了各自的任务,则奖励一次家庭旅行或共同享有的小礼物。

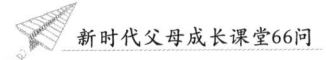

拓展读吧

面对空白的纸,不知该从何下笔吗?

你很想画超出界线以外,但又不敢这么做吗?

如何才能锻炼孩子的动手能力,鼓励他们大胆自由地发挥创意?

创意书《做了这本书》颠覆了一般传统书籍的形式,每页以不同的指示文字和插图,引导读者大胆搞乱,放肆涂写,突破局限,让每个人内在的创意真正获得完全解放,让动手的潜能得到充分发挥。

在页面上穿洞、剪下来穿成环、用针线缝起来、涂上胶水、贴上回纹针、滴上咖啡、带书去散步、记录晚餐的食物……作者希望借由这些大部分人从来不会对书做的事,让读者亲身体验动手的过程,鼓励读者以全新的角度来看待事物,找到新的方式发挥想象力,真正享受艺术创作的乐趣。

8. 如何处理二孩家庭中的公平问题

家长来信

随着二孩政策的开放，为了让 7 岁的儿子有伴一起成长，在征求了儿子的意见后，我和先生开始了积极的"造人"计划，很顺利地生下了小儿子，现在已经 3 岁了。原以为大儿子有小儿子的陪伴会更快乐，小儿子有大儿子的帮助照顾我们也可以略为轻松点，可事与愿违：原本还算懂事听话的大儿子越来越任性、不讲道理，经常和弟弟争抢玩具、漫画书（哪怕是他自己已经很久不玩的玩具或不看的书）等；还会对弟弟不友好，脾气也越来越大，有时还会朝我们咆哮，说有了弟弟后我们就偏心了，就不爱他了……我们感到很无奈和无助，我们都开始怀疑生二孩是个错误的选择。请问在二孩家庭中，如何让孩子感受到公平？

原因解读

家庭危机模型和压力生活事件模型理论认为：二孩的出现是一种压力生活事件，它会给包括大宝和父母在内的家庭成员带来诸多的心理压力与心理威胁，导致家庭成员产生各种消极心理和行为变化。尤其是对一直以来都是家庭生活核心，并且一直独占父母物质和情感资源的大宝来说，影响更是巨大。

说到底，大宝行为问题产生的核心原因还是家中资源分配问题。这其中包括物质资源和情感资源两大类。

大宝对二宝来到身边后的反应，一是源于自己所处情况的实际变化和推理，二是来自对周围环境相似情况的经验借鉴。

所以要强调的是，别跟孩子开玩笑说"你是捡来的"或者"父母有了弟弟妹妹就不要你了"这类的话，这些玩笑可能将父母耗费大量时间和精力给年幼的孩子建立起来的安全感轻松击溃。而安全感的缺失则是很多孩子不愿分享、害怕父母的爱被剥夺的重要原因。

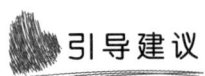

引导建议

第一，不要逼着大宝分享。

分享是一种后天习得的行为，而以自我为中心、想占有所有好东西是孩子的天性。好的教育就是让孩子克服这种天性，做出能更好适应社会的行为。家长如果希望大宝能学会与二宝分享，那就要积极引导大宝从分享的过程中收获满足感和成就感，让分享变成大宝自发的主动行为，而不是将"乐于分享"作为一种品质强加于大宝身上。

第二，不要总是说"大的就得让着小的"。

像尊老爱幼、谦卑礼让这类中华传统美德，如果是父母引导下发自内心的主动行为那就是美德，但如果是父母强加在孩子身上的话，那就是对他发展的限制和禁锢。

本来分给弟弟一颗连哥哥自己都舍不得吃的糖果，哪怕弟弟没有什么回馈，哥哥起码也想得到弟弟对自己的亲近和喜欢吧。谁知道爸爸妈妈一句"大的就得让着小的"，让出于哥哥自愿的分享变成弟弟眼中的理所当然，于是分享慢慢地变成了奉献。当所有的分享和礼让变成了理所当然的时候，奉献者更像是一个被所谓的"美德"限制住的奴隶了。

第一辑　良好的亲子关系是有效家庭教育的基础

第三，不要对两个孩子进行比较。

许多家庭有了二宝后，大宝往往只有表现得比以前更好，才能得到父母的关注和表扬。父母还会将两个孩子进行比较，对更好的那个进行奖励，这也会让孩子产生不平衡的心理。久而久之，这种负面情绪会迁移到兄弟姐妹身上，造成兄弟姐妹之间感情的不和睦。父母在奖励和惩罚的时候只看到了孩子更好和更差的方面，却忽视了每个孩子作为独立个体拥有的不同闪光点和暗淡面，老拿一个人的长处和另一个人的短处做比较，其实这种行为对孩子们都是伤害。家长要多花些时间与大宝进行情感交流，让大宝明白，二宝的出生并不会瓜分爸爸妈妈对自己的爱。这样才能减少大宝对二宝的抵触情绪，也不致破坏孩子们之间的关系。

拓展读吧

《二孩时代》
——父母一定要懂的那些心理学

书籍简介：

　　自从怀上第二个宝宝，我就一直对两个孩子的生活充满好奇："爸爸妈妈该如何分配原本倾注于哥哥一人身上的爱？""哥哥能不能接受生命中突然闯入的这个小家伙？""我们的生活将发生什么样的变化？""两个宝宝的家庭究竟是什么样的？"作为第一代独生子女的我们，从没有过这样的经历和体验。

　　在这本书中，我特别真诚地与二孩父母们分享我作为两个孩子妈妈的成长心路。我在书中全面展现二孩家庭会面临的、不同于独生子女家庭的生活场景和真实困境，并用最新的心理学研究成果加以解读。希望这本书能帮助二孩父母们度过角色转变的最艰难时期，并带着广大父母共同感受孩子带给我们的成长！

9. 孩子不接受弟弟妹妹，怎么办

家长来信

二孩政策开放后，我跟老公赶紧再要了个孩子，刚读六年级的女儿也因此有了弟弟。然而，温馨的"三口之家"却变成不太和谐的"四口之家"。可能之前跟女儿沟通得不够，弟弟出生后，作为姐姐的她并没有表现得很高兴，反而时常无缘无故地胡闹，尤其是弟弟哭的时候，她厌烦的情绪表露无遗，甚至都不愿意去触碰弟弟。前不久去外婆家，女儿把她失落、被忽略、讨厌弟弟的情绪一股脑儿地告诉了外婆，我这才知道她心里有多委屈。可是，现实是我不得不把更多的心思放在她幼小的弟弟身上。我该如何安慰女儿并让她明白爸爸妈妈依旧爱她呢？

原因解读

很多二孩家庭都遇到过这种问题：老大非常抵触弟弟或妹妹的出生，激烈者甚至扬言要自寻短见。"妈，我今儿就把话撂这儿了，你要是敢生二孩，我就敢死！""我不想要弟弟妹妹，你们把爱分给弟弟妹妹更多，就不爱我了……"这些都是孩子的真实言论。

父母无须指责孩子的言论过于"自私"，冷静分析后我们就能明白这些言论的背后，孩子到底在寻求什么。二宝出生后，大宝会感觉到自己不再受重视，因而会变得黏人，甚至无理取闹、做一些过分的事，主要原因其实是他们缺少安全感。父母及其他家人关注重心的转移，让大宝变得不适应，让大宝体验到的是明显不均衡的爱。

如果父母没有做好引导并及时调整自己的行动，孩子会不得不采取行动寻求关注，比如敌视弟弟妹妹，进而产生家庭矛盾。

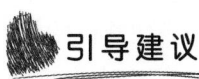

引导建议

第一，建设心理愿景，让大宝明白弟弟妹妹的到来不是一件坏事。

尊重孩子的想法已经成为家庭教育的共识。在二宝出生前，家长要经常跟大宝谈论弟弟妹妹到来的好处，畅想未来的美好生活。要让大宝明白：弟弟妹妹不是来抢爸爸妈妈的，而是家里多了一位亲人，自己多了一个伙伴；在爸爸妈妈忙碌的时候，自己有弟弟妹妹可以陪伴；弟弟妹妹的出生，会让生活更加丰富多彩，会让自己在拥有父母的爱的同时，在现在和将来还拥有一份来自弟弟妹妹的手足之爱。

第二，营造温暖的家庭氛围，别让玩笑话给孩子的心理造成阴影。

很多大人喜欢逗孩子，但有时候要注意分寸和尺度。"你爸爸妈妈要是生了小弟弟小妹妹，他们就不爱你喽！""等有了小弟弟小妹妹就没人管你喽！"在日常生活中，亲戚、邻居或是朋友经常用这样的话"逗"孩子。这些所谓的玩笑话，在孩子听来并不是那么回事儿。父母关注点的自然转移，会让这些反复提醒暗示的话语得以验证，孩子慢慢会信以为真。所以，父母需要及时关注大宝的情绪和心理变化，有意识地营造良好的家庭环境和氛围，规避这些不恰当的言语对孩子造成的干扰和压力。

当大宝出现厌恶二宝的情绪时，家长不要一味地指责孩子，而要反思自己对待孩子的态度和方式是不是出了问题，自己是不是说了不恰当的话，并且要多与孩子沟通，让孩子和父母之间达到真正的相互理解。

第三，有意识地分配爱，给大宝更多的关怀。

家长会说，二宝太小，自然要分配给二宝更多的心思与爱。这没有问题，但在生活中，不能因为二宝的刚需就忽视了大宝的心理需求，家长要有意识、有技巧地向大宝表达爱。比如，创造跟大宝独处的亲子活动时间，一起去公园或游乐场，让孩子在那段时间充分享受父母的爱；再比如，父母定期给孩子赠送小礼物，明确表达对其的爱意。

父母要通过实际行动让大宝清晰地知道爸爸妈妈对他还是一如既往的好、一如既往的爱，这样才能缓解大宝害怕失去爱的焦虑和不安。

第四，培养责任意识，提升大宝的责任感和价值感。

父母有跟大宝独处的时间，也要创造一家人共处的时间，并尝试引导大宝照顾自己的弟弟妹妹，和弟弟妹妹沟通交流，建立情感联结。让大宝从照顾弟弟妹妹中获得价值感和成就感，这既能培养大宝的责任感，也能增进大宝和二宝之间的感情。

最后，父母要明白，孩子总归是孩子，老大不管多大，在父母面前依旧是长不大的孩子，始终需要父母的关心和爱护；家长即使再忙，也要多关注老大。弟弟妹妹的出现，是为了让家庭生活更精彩，而不是制造更多的矛盾。

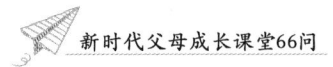

拓展读吧

一起出去买东西的时候，小南好想和妈妈手牵手。可是，妈妈抱着小宝宝，没法和小南牵手。

小南只好拽着妈妈一点点儿的裙角，跟在后面走。买完东西回来，小南口渴了。她刚想让妈妈倒牛奶，小宝宝就哭了起来。

他也想喝牛奶吗？妈妈看起来好忙呀！长这么大，小南还是第一次自己倒牛奶呢。牛奶好重，好难倒啊……

晚上，小南想换上睡衣，可老是系不上扣子，想去找妈妈帮忙，可妈妈正在哄小宝宝睡觉呢。

还是自己再试试吧，大拇指和食指抠得好疼啊……

第二天早上，小南像往常一样，拿着头绳，去找妈妈帮自己扎辫子。可是，妈妈正忙着给小宝宝换尿片呢。

小南一边照镜子，一边梳头发，先把头发分成两股，再扎两个小辫子。

小南一个人去家门口的公园玩。在公园附近，遇到了好朋友小文和她的妈妈。

小南坐在秋千上。平常都是妈妈帮着推的，现在一个人怎么也荡不起来。小南用脚尖使劲点了几下地，秋千摇晃了一点点儿。

从公园回来以后，小南有点困了。"妈妈，你抱我一下下好吗？"妈妈问："只要一下下？""嗯，只要一下下就好了。"小南一边回答，一边揉着眼睛。"可是妈妈不想只抱一下下呀。妈妈想给你一个大大的拥抱，可以吗？"妈妈温柔地笑着问道并把她搂进怀里。小南闻着妈妈身上熟悉的味道，尽情地享受着大大的拥抱。

这时候，只好让小宝宝先委屈一下下了。

妈妈，其实我想要的，就那么一点点儿。

——选自绘本《一点点儿》（［日］泷村有子著，［日］铃木永子绘，唐橙橙译，光明日报出版社，2014年），内容有删改

10. 孩子不领情而与父母对立，怎么办

家长来信

我是一个九年级孩子的爸爸，孩子的日常生活都是由他妈妈打理，最近孩子跟他妈妈对立得特别严重。孩子现在的学习任务比较重，回家后就是关门写作业，妈妈也盯得紧。他妈妈发现孩子对父母的关心越来越抗拒，就想找个机会好好沟通一下，谁知还没说几句话，孩子就发脾气了："谁让你那么辛苦的，还不是你自己吗？我能照顾好自己，不需要你关心……对，我就是不知好歹，就是情感冷漠，当初你别生我啊……"

一连串扎心的话把他妈妈弄得不知所措，心里别提有多难过了。我安慰了他妈妈，但是对孩子的"气话"也深感震惊，我们对他那么好，他怎么就不领情，还跟我们对立？

原因解读

都说可怜天下父母心，父母辛辛苦苦的付出却换来孩子的反感与排斥，父母之心能不可怜吗？父母的出发点都是好的，但有些养育方式有待斟酌，父母的做法到底是让亲子关系更加和谐，还是引向对立？

青春期的孩子正经历着身心剧变，他们从与父母的对抗中找寻独立的自我，争取独立的空间。这时候，父母会觉得孩子叛逆、冷漠、不领情……这其

第一辑 良好的亲子关系是有效家庭教育的基础

实也是对父母的一种提醒：父母的教养方式是否科学？是否一直对孩子有求必应，以至于孩子觉得父母的付出是理所应当的？是否一直用"爱"的名义要求孩子，却不曾倾听孩子真正的需求？有没有做好感恩教育的榜样示范？思考一下这些问题，或许就能找到孩子不领情并和父母对立的原因了。

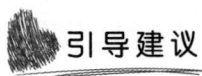

第一，尊重孩子的身心发展，懂得恰当地表达爱。

爱是人类的一种高级情感和需要。一个人表达了需求，另一个人给予了供给，接受者和供给者都会收获喜悦与感动。但如果你给的不是别人想要的，你的付出别人并不理解也不想接受，那这还算不算爱呢？家庭教育尤其如此。父母对孩子的爱是无私的，有时候不顾孩子的需求而强制性地表达和给予，这样付出"爱"往往事与愿违。

爱不是控制更不是强制，因为这样做一定会引起孩子的反抗。孩子进入中学后，身心发展到了一个新的阶段，父母就不能再用以前的那套方式和方法与其相处。孩子在寻找和建立独立的自我，他们可以独立地去完成自己的作业，渴了自己会去倒水，累了自己会去洗澡就寝……父母对孩子的"叮"不是无微不至的关怀，而是对孩子完成自我成长的干扰和渴求自由空间的限制。

第二，调频沟通，真心联结，说彼此能懂的"爱语"。

为什么父母会与孩子发生冲突？这往往是因为双方的沟通不在一个频段上。孩子问："饭做好了没？"家长却回应说："你作业做好了没？"孩子在表达自己的想法，父母却在表达希望孩子达到的标准；孩子在表达具体需求，父母却在表达情感付出……大家各说各的，最后的结果就是孩子在心门上对父母挂起了"请勿打扰"的牌子。

如何说对方能懂的"爱语"呢？家长需要暂时抛开父母的身份，以平等的姿态去了解孩子内心的需求，觉察他们说话的神态、身体的动作、表达的语

39

气等。当你读懂了孩子的内在需求,才能说出同频的话语,才能得到孩子喜悦的回应,情感才能联结起来。

第三,尊重在前,示范在后,感恩自来。

父母虽然和孩子每天生活在一起,但并不一定真正理解对方。父母有时觉得孩子是"白眼狼",而孩子却觉得父母仿佛是"最熟悉的陌生人"。在亲子互动中,家长会形成很多程式化的行为,有些会让亲子关系越来越糟,这需要父母经常自我觉察与学习提升。如果家长一直重复无效甚至错误的做法,这种紧张的亲子关系就难以改变。

我们要做有知识、有技巧、能引领孩子的父母。父母可以通过示范而成为引领孩子感恩的榜样,对长辈的情感表达、夫妻间的情感流露、亲子间的情感交流,都需要通过言行为孩子做出榜样。比如,互赠礼物、互说爱的语言、约定共处的时光……父母可以在生活中做出多样化的示范,让孩子在和谐温馨的家庭氛围中成长。

带着期望回报的心去教育孩子,往往收获的是失望;而带着感恩孩子的心去教育孩子,往往收获的是惊喜。当父母能读懂孩子的需求并恰到好处地给予回应时,孩子怎么会不领情而与父母对立呢?

拓展读吧

孩子需要什么

(一)

我看过一个很有意思的外国微电影,是这样开始的:为了给孩子准备一个完美的圣诞节,一群大人忙得不可开交——买材料、请朋友、做圣诞树、烹饪大餐……

大人们忙得晕头转向,孩子们却倍感失落——没有人陪他们说话,没有人

第一辑　良好的亲子关系是有效家庭教育的基础

陪他们玩耍，没有人在意他们的情绪。他们无法理解，为什么有这么多事情必须去做。

直到父亲忙着把彩灯挂到屋顶时，他才注意到了女儿孤单失望的眼神。那一瞬间，父亲恍然大悟，女儿最想要的是什么。

他们放下了手头的活计，放弃了过一个完美圣诞节的念头，圣诞树不高大有什么关系，平安夜大餐不丰盛有什么紧要……孩子想要的圣诞节，不过是父母能专心陪着他们玩耍的圣诞节！

"这也不是必需的，那也不是，我只有一件事情是必须要做的，陪着你，在你身边，我的孩子。"

（二）

一位小学老师为了让学生了解母亲、体会母亲的恩情，布置了作文题目"母亲传"。

她先让学生事先去采访相关的人，比如外婆、爸爸，从童年、求学、恋爱、工作、性格、爱好等各个方面去了解母亲，还教给了学生一些采访技巧。

一个月后，当她满怀期待地打开孩子们的作文本，却感到五味杂陈。

一个孩子用日记的形式写道：

早上，母亲推开我的房门，对着我喊："起床了。"

"知道了。"我答道。

"快点刷牙，洗脸，吃早餐！""哦！"

"吃完早餐，先做作业，然后才能出去玩。""哦。"

……

晚上，餐桌旁。

母亲问我："作业做完了吗？""做完了。"

"今天少玩电脑，早点睡。""哦。"

良久，听见妈妈在客厅里喊："该睡觉了！"

"知道了，妈。"我重重地关上了电脑。

这样的交流，孩子连写了五天。

41

这还是一个比较懂事的孩子。多数学生无话可写，觉得与母亲在一起的生活每天都那么平淡，没什么好写的。正如这位老师所指出："孩子不感恩，源于他对你不了解；孩子对你不了解，是因为你们的亲子关系存在问题。"

——节选自微信公众号"青榄家长地带"中文章《为什么我们含辛茹苦养育孩子，孩子却不领情、不感恩、不理解》

第一辑　良好的亲子关系是有效家庭教育的基础

11. 如何帮助孩子找回自信

家长来信

我和孩子他爸是高中同学，在校就开始谈恋爱，所以结婚较早。结婚后懵懵懂懂就做了父母，结婚九年来他爸几乎都在外打拼，我一个人带孩子很不易，心情不好时看着儿子做作业慢一点、起床磨蹭点、考试成绩不理想或不听话，就喜欢发脾气、骂他："总是损坏玩具，你真是个败家子！""你真是个没有责任感的人！像你爸爸一样！""这点事情都做不好，你还能做什么？""你怎么这么笨！我怎么生了你这样一个儿子，气死我了……"后来参加学校的家长会，有幸接触到家庭教育课程，反思自己曾经教育儿子的方式和方法，我发现自己做错了很多，特别是发觉儿子经常闷闷不乐，看似乖巧听话，但眼睛里没有光彩且充满迷茫，似乎在向我求证："妈妈，我真的是个笨小孩吗？"我感到无比心痛和后悔，由于我过去的无知，对孩子说过和做过很多打击、压抑、伤害孩子的话及行为，让孩子内心没有力量，对自己不认可、不自信。现在我该如何做才能帮助孩子找回自信呢？

原因解读

人都是环境的产物，孩子最终长成的模样主要由其成长环境决定，而父母的教育又在这一过程中发挥关键性的作用。父母的一言一行、一举一动会潜移默化，对孩子产生深远持久的影响。父母对孩子积极、正面的评价是孩子自信心的源泉，是他们面对人生各种挫折的生命底气。

信中的母亲在孩子的早期教育里对孩子有过很多消极、负面的评价，特别是对孩子身份的评价，如败家子、没有责任感的人、笨蛋等，这些伤人的字眼确实容易给孩子致命的打击并使其对自己产生深深的怀疑，从而找不到自身的价值感并产生自卑感。

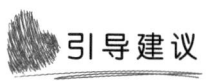
引导建议

此案例背景下，要帮助孩子找回自信，重点在于母亲的改变，以下建议供父母参考。

第一，母亲调整心态，轻松重来。

母亲之前由于年轻、心智不够成熟，做母亲的心理和外在条件等准备也不足，在面对多种角色的转换和教育孩子这件世界上最复杂的事情时，没有丈夫的陪伴和共同担当，独自一个人扛起教育子女的重担，最终出现不尽如人意的地方实属正常。所以建议母亲放下自责和后悔，在反思中通过学习来提升自身的家庭教育能力和素养，陪伴孩子重新成长，目前还来得及。

第二，努力成为孩子前行的榜样。

父母想让孩子成为什么样的人，首先自己要以身作则、努力成为那样的人，做榜样给孩子看，也只有这样，父母的教育和引导才会起到应有的效果。在这里，榜样应该是具体的而不是空洞的，是孩子努力就可以触摸到的而不是高不可攀的。如果家里还有别的亲人一起生活，其他家人也需要统一思想和行为，这样才能形成教育的合力，否则也会导致教育的效果大打折扣。

第三，抓住契机，让孩子看见一个崭新的自己。

生活即教育，父母在与孩子朝夕相处的过程中要进行全方位的观察，用心捕捉孩子在生活、学习、待人接物等方方面面表现出来的好行为、好语言、好习惯,并及时发自内心、充满爱和喜悦地肯定与赞赏孩子。此外,最好避开孩子给家人开个家庭会议,跟大家约定每天都有意去观察并发现孩子的一个微小进步或孩子表现出来的优点,然后写下来并张贴在大家能看到的位置,这样坚持做一个月就会让孩子对自己的认知发生改变,从而看见一个崭新的自己。为了稳定加固效果,建议这样做三个月左右。

第四,制造机会,让孩子重新认识自己。

针对父母曾经给孩子贴过的负面标签,比如"你怎么这么笨""你反应怎么这么迟钝"等,父母要有意识地制造一些机会,安排孩子做一些与其能力基本匹配的事情,然后抓住机会赞赏和表扬孩子的敏捷、能干、聪明等,从而让孩子有更多的机会重新认识自己,帮助孩子慢慢地、轻轻地撕下那些负面的标签,重新贴上一些积极正面的标签,助推孩子健康快乐成长。

第五,对孩子永葆一份美好的期待。

改变不是一件容易的事情,需要一定的时间。教育是一种慢的艺术,三分教,七分等。静待花开的时候,父母心中需要一边怀揣对孩子一份美好的期待,一边适时适量地"浇水施肥",坚信孩子在任何时候都有成长的空间和改变的潜力。

拓展读吧

"我一看你修长的小拇指就知道你将来一定会成为纽约州的州长。"这样简单的一句话,改变了一个学生的人生。说这话的人是美国纽约的一位小学校长皮尔·保罗,学生是当时学校里调皮捣蛋的罗杰·罗尔斯。

罗尔斯出生于纽约的贫民窟,那里环境肮脏、充满暴力,他从小受到不良影响,读小学时经常逃学、打架,甚至偷窃。一天,当他又从窗台上跳下,径自走向讲台时,校长皮尔·保罗将他逮个正着。出乎意料的是,校长不但没有

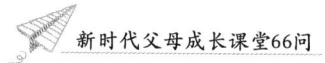

批评他，反而诚恳地说了上面那句话，并给予语重心长的引导和鼓励。

当时的罗尔斯大吃一惊，因为在他不长的人生经历中，只有奶奶让他振奋过一次，说他可以成为五吨重小船的船长。他记下了校长的话并坚信这是真实的。从那天起，"纽约州州长"就像一面旗帜在他心里高高飘扬。罗尔斯的衣服不再沾满泥土，罗尔斯的语言不再粗暴难听，罗尔斯的行动不再拖沓、漫无目的。

此后的40多年间，他没有一天不按成为州长的标准要求自己。51岁那年，他终于成了纽约州的州长。

12. 如何应对孩子的叛逆行为

家长来信

我儿子思维敏捷，性格外向，和同学关系良好，虽然马上就是八年级的学生了，但仍稚气未脱。他因不满老师对他上课开小差进行提醒教育而变得冷漠且愤愤不平。不仅如此，在家里，儿子听到我们说话就感到很烦。我们规定他晚上十点半左右睡觉，他偏偏要11点才上床。快考试了，我们建议他好好复习薄弱的科目英语，他就是单单不复习英语……儿子觉得在我们面前常莫名地憋着闷气，弄得大家都很难受。儿子不明白，为什么自己爱和我们对着干，我们也不知道该如何应对儿子的叛逆行为。

原因解读

逆反心理是进入青春期的少男少女们最典型的心理特征，它是当客观环境要求与主体需要不相符合时所产生的一种强烈的反抗心态。

青少年正处于身心发展的过渡期，其独立意识和自我意识日益增强，希望能摆脱成人的监护和束缚。他们反对成人把自己当小孩看，常以成人自居，为了表现自己的与众不同，对任何事情都容易持批判态度。但由于阅历和经验的不足，他们认知事物和看待问题容易片面化、偏激化、固执化和极端化。对老师、家长的正常教育往往从对立面去思考，把老师的劝说、要求、批评，把家长的指点、提醒、督促等看成是"管""卡""压"，是和自己过不去，是对自己自尊心的伤害。心理学家马斯克利认为：跟父母唱反调是形成和确立独立人格的过程中必不可少的一个阶段。但是，如果在"反叛阶段"没能够及时地调整自己的心态，让这个阶段延长至成人阶段并且有成为习惯的趋势，那就会产生问题。

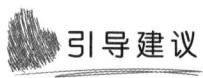

引导建议

叛逆行为其实是好的开始，也是孩子健康成长的必经之路，当父母能读懂青春期孩子时，就会用科学的教育方式应对孩子的叛逆行为。

第一，不急不躁，保持情绪的平和。

情绪平和的父母，就像家庭的定海神针，自然拥有大事化小、小事化了的神奇能力，面对处于"多事之秋"的孩子，也能泰然处之。相反，焦虑急躁的父母不仅不能将发生的事情、出现的问题、亮出的不和谐等引导到"安全地带"，还极有可能进入更"危险"的状态。

第二，抓大放小，远观孩子的成长。

青春期的孩子更喜欢用自己的眼睛、耳朵、大脑来感知世界，在迷茫和纠结、时而开心时而痛苦中探索属于他自己的未知而神秘的人生，所以他们的成长需要更大的空间、更多的尊重。在不违背家庭价值观的前提下，建议父母允许孩子自由探索，给予走弯路和试错的机会，毕竟有些体验不可替代，有些历程不可逾越。

第三，少说多做，做到不如做好。

处于青春期的孩子，无论是男孩还是女孩，都不喜欢父母的啰唆唠叨，特别是讨厌父母总重复那些"正确的废话"。事实上，"说教"是最无用的教育方式，对于青春期的孩子来说更是如此，所以父母要少说多做，父母想孩子成为什么样的人，先自己努力成为那样的人，做孩子前行中最好的榜样。

第四，持续学习，不断提升自我。

没有天生的成功父母，也没有不需要学习的父母，成功的父母都需要不断学习和提高。父母好好学习，孩子才能天天向上。家庭教育的本质其实是父母自身的一场修行。

 拓展读吧

家庭关系测试

下面是一份关于家庭氛围对孩子是否适宜的小测验。您的家庭氛围与下述情况符合的地方越多,说明您的家庭氛围与孩子理想的生活氛围越接近,您与孩子的关系也越亲近。

请您观察是否存在如下情况:

1. 家庭成员知晓彼此一天的行踪及回家的时间。

2. 有家人说话时,其他人都会注意倾听。

3. 全家人经常一起玩扑克等娱乐休闲游戏或者一起参加体育活动。

4. 父母从不在孩子面前争吵。

5. 无论家里谁生病了,全家人都表示出关心和关怀。

6. 家里准备装修房子或是买大件物品时,全家人会在一起讨论,每个人都可以发表自己的意见。

7. 孩子对父母有礼貌。

8. 家人之间习惯使用日常的问候语,如"我走了""我回来了""谢谢""再见"等。

9. 孩子大致知道父母的工作内容和家庭的财政情况。

10. 父母知道孩子朋友的大致情况,也了解孩子在学校的学习、与教师和同学的关系等情况。

11. 当家庭成员有关系亲密的朋友来家中做客的时候,全家人能聚在一起表示欢迎。

12. 家中不会出现"吵死人了""到那边去""去问你妈(爸)"等简单粗暴的话语。

13. 儿子不喜欢他继父，怎么办

家长来信

在儿子8岁时，他父亲因病去世，后面的几年中我们母子相依为命、互相支持，生活还算顺利，儿子也渐渐懂事长大。在儿子七年级时，经人介绍，我又成家了。他继父为人老实善良，虽不善言谈但对我儿子很关心，对家庭还是蛮有责任感的。可儿子对继父却怎么看都不顺眼，有时看着我和他继父有说有笑，儿子就会不由自主地想起去世的父亲而暗自伤心……儿子其实也多次和我表达过：人死不能复生，母亲也需要幸福完整的一个家，自己也应该去接受继父。可他就是做不到，觉得心理距离挺远，甚至和继父日常交流都有些别扭，更别说两个人亲近了。我该怎样引导儿子呢？

原因解读

亲人离世带来的伤痛的确不容小觑，更何况是对一个8岁的孩子来说。可能是受中国传统文化和世俗看法的影响，继父母在人们印象中往往是一个偏心、凶狠的坏形象，孩子对继父母有一种本能的排斥，认为继父母是外来的入侵者而无法忍受、接受他们。他们也容易将继父母与自己的亲生父母进行比较，总觉得继父母处处不如亲生父母，尽管继父母对他们也很好，但还是会心存芥蒂，认为继父母这样待自己是另有企图。虽然重组家庭在组建之初，家庭成员都会面临更复杂的关系、更困难的磨合和更多的挑战,但在现实生活中,真诚踏实过生活、把家庭经营得融洽温暖的重组家庭还是挺多的。因为他们希望自己的家庭成员和睦相处,他们也会更加珍惜家庭、珍惜亲情。

要想让孩子与继父建立起融洽的关系,母亲就要在他们之间发挥好桥梁纽带作用。以下引导建议供参考:

第一,尊重、肯定并引导孩子对亲生父亲的情感。

已过世父亲对儿子的深刻影响,正好说明儿子与父亲之间浓浓的亲情,母亲需要去尊重和肯定,并且可以告诉孩子:我也会常常想起你父亲,我们无须刻意去忘记,可以珍藏起对父亲所有的记忆。还可以引导儿子去思考:远在天堂的父亲是希望他总停留在悲伤的回忆里过日子,还是希望他慢慢走出来、开始新的生活并快乐健康成长?

第二,倾听孩子内心真实想法,分析和找到不喜欢继父的原因。

寻找机会和儿子坦诚交流,倾听儿子内心的真实想法,找到儿子不喜欢继父的原因:是因为继父的具体言谈举止(比如对他的态度或某些行为),是因为将其和亲生父亲做比较后产生的感受,还是只是内心莫名其妙的感觉,等等。

第三,引导儿子用心感悟,让儿子慢慢调整认知。

针对找到的原因,引导儿子从点滴的日常生活中发现继父身上的优点,并感受他对家庭、对自己的关爱和付出,相信继父是爱这个家的,敞开心扉去靠近他、接纳他和信任他,并换个角度去看待和欣赏与亲生父亲有差异的另一个男人——继父。

第四,适当地开展家庭活动,增进了解、加深情感。

在从陌生到熟悉、从熟悉到了解的过程中,沟通和交流可以大大缩短其中

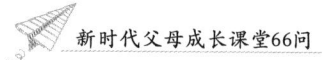

所需时间，建议母亲有意识地用儿子喜欢的方式适当开展家庭活动，比如一起打球、外出用餐、举行生日聚会等，让家人在活动中自然而然地多一些交流和沟通，从而早日建立起和谐的家庭氛围。

拓展读吧

人与人之间情感的交流需要多种表达方式来实现，那么爱的语言有哪几种呢？我们又应怎样恰当地表达呢？

一是肯定的言语。在表达爱的时候要给予对方肯定和信心，在言语上支持、鼓励对方，学会换位思考，为对方着想。

二是有意义的礼物。花费心思去准备的特别的礼物，显示出生活中的仪式感，能让对方感受到满满的爱意。

三是高品质的陪伴。要让对方感受到在一起的时候，你是一心一意地投入和关注。

四是服务的行动。当对方需要你做某件事的时候，你要表现出积极且乐意为其付出的状态。

五是身体的接触。牵手、抚摸、拥抱、亲吻等身体的接触会增加彼此关系的亲密度。爱除了要大声说出来，还要用身体的行动来表达。

第一辑 良好的亲子关系是有效家庭教育的基础

14. 如何引导孩子面对奶奶的"刁难"

家长来信

女儿是一个文静而内向的女孩,我和她爸爸开了一个米厂,由于平时很忙,她从小就是在奶奶的精心呵护下长大的,所以和奶奶感情很深。后来,我和她爸由于性格不合等原因,婚姻出现了危机。奶奶很着急,拼命阻止我们分开,并想尽办法动员女儿和她一起试图挽救我们的婚姻。一家人又勉强在一起生活了两年,最终在女儿14岁时,我和她爸还是离婚了,女儿选择跟了我。为此,奶奶很是生气,责备女儿没能阻止父母分开,还认为女儿忘恩负义,没有选择跟父亲和奶奶生活。在我又成家之后,老人的举动更是疯狂,干脆把家搬到了我们的楼下(我们住四楼,她住二楼)。女儿上学、放学时,奶奶就在家门口等着,然后说三道四。孩子放学、放假在家时,电话打个不停,有时女儿不接,奶奶就做了好吃的端上来,看到她吃完才走或者把她带下去才肯罢休……女儿的学习、生活及其与继父之间原本就需要好好呵护的关系都被打乱了,她又不想伤害奶奶,觉得很苦恼。我该如何引导孩子面对奶奶的"刁难"呢?

原因解读

这是一个十分复杂的案例,所涉及的关系错综复杂。对于每个家庭成员来

53

说，家庭破裂是非常痛苦的经历，丧失完整家庭带来的亲情温暖，面对新的家庭结构和未知的未来，都有可能给他们的心灵带来极大的伤害，孩子如此，老人同样如此。当心灵极度脆弱时，人们在处理与重组家庭新成员和已分离的原有家庭成员的复杂人际关系时，往往会出现困惑，甚至无所适从。特别是孩子要同时处理与母亲、继父、父亲及奶奶的关系，实在是太为难一个青春期的孩子了。而事实上，奶奶对孙女"刁难"的源头是母亲和奶奶的关系处理问题，源头的问题要有所改善，孩子的现状才会有所改观。因此，母亲要处理好离异后复杂的家庭关系，让孩子生活在一个有序、和谐的家庭环境中才是问题解决的关键。正如我们常说的，婚姻不仅是两个人的事情，更是两个家庭或家族的事情。

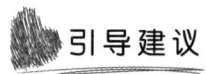

引导建议

第一，换位思考，多一些理解和宽容。

母亲需要静心看待和理解老人的想法：大部分老人心中最朴素、最大的心愿就是希望家庭和睦、完整。自己主动而坚决地要求离婚，对年迈的奶奶来说会造成一种很大的伤痛，特别是要割裂奶奶与孙女十几年的亲情，那种不舍与不适应可想而知。因此老人做出一些干扰和不妥的行为是可以理解的，相信随着时间的推移，加上母亲的理解和宽容，老人会慢慢适应并做出相应的改变。

第二，敞开胸怀，进行真诚沟通。

母亲在取得现任老公的理解和支持的前提下，自己利用空闲时间定期去看望一下老人，敞开心扉与老人沟通和交流，真诚地帮助老人排遣心中的不满和悲伤。同时引导女儿主动定期去看望奶奶，跟老人说说现在的学习和生活情况，表达对奶奶的关怀：自己也放不下奶奶，会一如既往地爱奶奶；奶奶所做的种种行为自己虽然能理解，但确实也给自己造成了很多无法面对的烦恼（可以说得更具体些）。通过这些交流和沟通，奶奶会了解母亲和女儿的真实感受，也会理解孩子现在面临的尴尬处境。相信祖孙之间深厚的感情可帮助老人慢慢跳出情绪的旋涡。

第三，融入集体，积极乐观地生活。

作为母亲，还要积极引导女儿努力扩大自己的社交圈，多结交几个要好的朋友，积极参加集体活动，利用各种机会参与社会实践活动，培养开朗、乐观的性格，以适应未来复杂的社会生活。

拓展读吧

命运

一个生活中碌碌无为的人带着对命运的疑问去拜访禅师："您说真的有命运吗？"禅师回答："有的。""是不是我命中注定穷困一生呢？"他又问。

禅师让他伸出左手，说："你看清楚了吗？这条横线叫作爱情线，这条斜线叫作事业线，这条竖线就是生命线。"

然后，禅师又让他跟自己做一个相同的动作，把手掌慢慢地收拢，握得紧紧的。禅师问："你说这几条线在哪里？"那人想了想说："在我的手里呀！""那命运呢？"

那人恍然大悟，原来命运不是在别人的嘴里，而是掌握在自己的手中！

第二辑

············ 读懂孩子是正确施爱的前提

如果孩子是一本书，那必定是一本充满趣味、精彩绝伦的书，只是要读懂这本书并不容易。爱他们就够了吗？生命生而不同，孩子们来自不同的家庭，个性不尽相同，发展水平也存在差异。作为父母，能否发现"这本书"的闪光点，且在不同阶段用匹配的节奏去读懂和理解孩子呢？

让孩子成为"人中龙凤"，这是多么艰难的工作。孩子成长路上的挫折与错误、失败与歧路……都需要父母拥有足够的耐心、细心和恒心，在科学的育儿理念指导下进行有效的教养。

我们不怕问题难懂，问题正是成长的契机。父母学习的目的不是让孩子成大名、挣大钱、做大官，读懂孩子是为孩子一生播下幸福的种子。

对的时间做对的事情，教育契机的把握充满了艺术性。孩子成长发育有关键期，有些能力和品质要到适合其受教育的年龄去培养，家庭教育才能事半功倍。想让孩子成长为一个身心健康、对社会有贡献的人，需要家长学习掌握科学教养的规律，家庭教育的成功要遵循这些规律。

读懂孩子是正确施爱的前提。成功的家庭教育一定是父母与孩子之间有着良好的情感联结，建立了和谐的亲子关系，达到了理性和情感的平衡。

15. 如何鼓励孩子大胆地在公众场合发言

家长来信

我最近因孩子的教育问题感到很烦恼，尤其是他不愿意在课上发言。在这学期的学生手册上，班主任老师这样写道："你性格比较内向，表现腼腆，老师觉得你心里有很多很棒的想法，但是你不太愿意表达出来，希望下个学期你能更加大胆、主动一点。"这其实已经不是班主任老师第一次跟我反映孩子不愿意发言的问题了。

我觉得这可能是孩子小时候，我和他爸比较忙，把孩子给老人带的原因。他爷爷奶奶很宠爱他，爷爷喜欢看电视，怕孩子出门在外面发生意外，总是陪孩子在家里看电视。我们回到家，孩子也不叫人，半天不说话，只看电视；有时候喊他，他就像没听到似的，根本不搭理。看到家里有陌生人来了他就躲起来，大人找他说话也躲到爷爷奶奶身后。我们把他带到身边后，也想了些办法，比如带他出去参加亲子活动，鼓励他在公众场合讲话，但是现在到七年级了，还是这个样子，我也不知道该怎么办了。

原因解读

不少父母因为孩子不敢当众发表意见、不愿在公众场合发言而烦恼，尤其看到别人家的孩子落落大方，大人邀请他们跳个舞、唱个歌都不会扭扭捏捏，更是羡慕不已。那为什么有的孩子就是不够大胆呢？

从心理学角度来分析，主要有三方面的原因。其一，可能是因为先天气质的影响。古希腊医生、哲学家希波克拉底将人的心理活动现象划分为四种气质类型，即多血质、胆汁质、黏液质和抑郁质。其中多血质的人活泼好动、喜欢与人交往、注意力容易分散；胆汁质的人直率、热情，精力旺盛，易于冲动；黏液质的人表现为安静、稳重，沉默寡言，注意力易集中、稳定性强，不善言谈；抑郁质的人常表现为胆小、孤僻，体验深刻，善于觉察别人不易觉察到的细小事物。从先天气质来看，个体之间本身就有很大的差异。其二，是家庭教育的影响。得到家长良好支持和关爱的孩子，才会对世界产生充分的安全感，他们知道无论如何，父母都会在背后鼓励和支持自己，因此就敢于去探索未知世界，去尝试新生事物；而没有得到父母支持的孩子则做事易缩手缩脚，缺乏勇气和信心。其三，是表达能力训练不足。孩子本身愿意进行自我表达，但由于缺乏发言技巧的指导和训练，担心表现不佳招致嘲笑，由此不敢上台发言。因此，要解决孩子不敢在公众场合发言的问题，应分析其产生的原因，进行有针对性的引导。

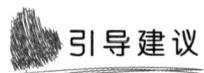

引导建议

第一，引导孩子认识自己，接纳自己的气质类型。

如果孩子是因为自身气质类型而不太喜欢在公共场合发言，并非是不敢或不能，那么父母在进行指导之前，要先认识孩子的特点并引导孩子接纳自己的特点。

气质类型无所谓好坏，每一种气质都有自己的优势。如果父母一味要求孩子按照自己的期待去发展，压抑孩子的天性，则会使孩子怀疑、否认和远离真实的自我。

第二，创造契机，让孩子进行安全的挑战。

如果孩子是因为不敢挑战自我，对自己缺乏信心，或者有能力但不愿在公众场合发言，并进而影响到了学习生活，则父母应该适当加以引导。

这种引导并不是教育孩子要多尝试发言，要更勇敢和主动，而应切实地站在孩子的立场，先去理解他们再进行帮助和引领。

比如，可以让孩子用录音笔在家里自己录一些课文、故事甚至英语短文的朗读，然后播放给自己或家人听。这是从表达能力上帮助孩子不断提高自身水平，并逐步树立自信心。

家长也可以创造一些契机，给孩子展示自己的平台。如在家中约定每周开一次例会，每个家人都来谈一谈自己一周的收获和感想，在这种温馨平和的家庭氛围中练习表达。然后在家族聚会、社区活动中，预先告知孩子时间和主题，协助其做好发言的准备，进行充足的练习，以此积累成功的发言经验，培养成就感。

第三，聚焦和反刍成功经历，逐步树立自信心。

培养孩子发言的自信心，还要善于深入挖掘成功的经验。有的家长在孩子获得成功后很开心，就表扬孩子："我儿子的演讲真是棒，第一名！走，老爸带你去吃大餐作为奖励！"这样的表扬会让孩子当时很开心，但挑战成功的兴奋感很快就会被转移和消失。

聪明的家长会说："哇，快跟爸妈讲一下，你是怎样在演讲中讲得这么好的？你上台前还说好紧张，你是怎么克服的？"通过关注挑战的过程，引导孩子聚焦和反刍成功的经历，从中看到自己所付出的努力，从而提炼经验，为下一次挑战做好准备。家长这种关注过程的做法，会使孩子体会到自己的价值，树立起自信心。

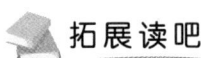
拓展读吧

英国电影《国王的演讲》讲述了英国国王乔治五世逝世后,王位留给了患严重口吃的艾伯特王子,即乔治六世。乔治六世无法在公众面前发表演讲,这令他接连在大型仪式上丢丑。而他面临的最大挑战就是如何在"二战"前发表鼓舞人心的演讲。

乔治六世的妻子伊丽莎白为了帮助丈夫,到处寻访名医,但是传统的方法总不奏效。一次偶然的机会,她慕名找到了语言治疗师莱纳尔·罗格,传说他的治疗方式与众不同。虽然首次诊疗也不欢而散,但是乔治六世发现,在聆听音乐时,自己朗读莎士比亚的名篇竟然十分流利。这让他开始信任罗格,配合治疗,慢慢克服了心理的障碍。后来他在"二战"前发表了振奋人心的演讲,得到了民众的认可和拥护。

第二辑　读懂孩子是正确施爱的前提

16. 孩子过于在意别人的看法，怎么办

家长来信

我女儿今年14岁，对自己的相貌特别重视，平时爱照镜子。在她七年级时，因她脸上有一些斑，有同学就跟她开玩笑叫她"斑长"，从那之后她就变得特别自卑，认为自己长得不好看。不仅如此，她越来越敏感，特别在意他人对自己的评价和看法。别人无意中的举动和言语，都能让她很紧张，总担心自己哪里做得不好而惹人讨厌。现在她都不太愿意跟人正常交流了。女儿小的时候，我和她爸爸对她要求比较严格，在她犯错的时候会严厉批评，她也比较听话，就是有点敏感和内向，对自己的要求也比较高。但自从这个事情发生之后，我和她爸爸都不敢再批评她，因为只要说她哪里做得不好，她就会情绪激动，甚至有些歇斯底里。现在我们想知道该怎么引导才能让女儿不那么在意他人看法，变得积极开朗一些。

原因解读

孩子在进入青春期后，心智发展逐渐趋于成熟，对自己不确定、不了解的事情，他们会参考他人的评价和判断，从而积累更准确、客观的经验。但如果孩子在小时候没有培养足够的自信心，他们在青春期会更依赖他人的认可从而获得安全感。

如果父母对孩子过于严厉，孩子可能凡事小心翼翼，缺乏自信，生怕出错而受到责备。长大之后，在社会化的过程中也会由于不自信，需要通过外界的肯定才能接纳自己。那些过于在意他人看法的孩子，他们真正痛苦的不是事件的本身，而是他们理解的这个事件背后的一些不合理信念。比如说：有的孩子会因为班上某个同学在路上没有跟他打招呼而感到受伤，因为他觉得是同学在讨厌自己，所以不愿意与自己打招呼。但事实上，同学没有跟他打招呼的原因很有可能是那个同学并没有看到他。很多时候，过于在意他人看法的孩子总是由于自己的"绝对化概括"或"糟糕透顶的消极猜测"而影响到自己的情绪，并且深陷这种消极情绪而久久不能自拔。

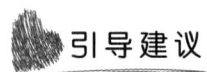

引导建议

第一，调整自己的教育方式，多给孩子正向的鼓励和引导。

敏感、脆弱的孩子内心往往容易自卑，家长需要给孩子更多的鼓励，以培养孩子的自信心，引导孩子认识到自己内部的力量，渐渐摆脱对外界评价的依赖。

第二，调整孩子的认知方式。

孩子过于在意他人看法的重要原因是对他人言行经常产生不合理的信念。因此，家长可以引导孩子形成更加客观、积极、合理的信念，让孩子从事物的多个角度看待问题。

第三，引导孩子学会接纳自己的不足。

一个人即便再优秀，也一定会存在一些缺点。如果孩子能接受自己身上的不足，才能更好地爱自己、接纳自己。

 拓展读吧

糟糕，身上长条纹了

要开学了，卡米拉换了几十套衣服，还是不能决定穿哪件，因为她总是很担心别人怎么看她，所以即便已经试过那么多衣服了，可是没有一套看起来对劲。

她穿上一件漂亮的红色洋装，看了看镜中的自己，突然尖叫起来。卡米拉从头到脚都是条纹，看起来好像一道彩虹。这下好啦——身上变得赤橙黄绿青蓝紫，每个人喜好的颜色都有了，唯独没有自己的——从头到脚都布满了可笑的条纹。

接下来，可怜的卡米拉完美地演绎了什么叫"别人说什么就是什么"，大家说什么，卡米拉的身上就变出什么。

妈妈只好请来各路专家、医生，大家纷纷开出药方，卡米拉服药后，直接变成了一个"巨无霸彩色胶囊"！后来两位专家来给卡米拉治病，卡米拉的身体非常配合专家们的猜想，瞬间就长出了细菌、病毒，甚至还发芽，长出浆果、水晶和羽毛。

各路大神纷纷登场，可是卡米拉的身体不仅没有转好，而且糟糕的情况愈演愈烈。

最后，当一位自称环境治疗学家的女人对卡米拉说到"闭上你的双眼，深呼吸，然后将你与你的房间合二为一"的时候，卡米拉真的融入了房间，眼睛变成了画框，鼻子变成了柜子，嘴巴变成了床垫……

绝望中，卡米拉的家门被一位老婆婆敲开，她诊断出卡米拉得了非常严重的"条纹病"，并带来了药方——卡米拉特别喜欢吃的青豆。因为朋友们都讨厌青豆，所以卡米拉从来就不敢吃。这次卡米拉也是习惯性地拒绝："好恶

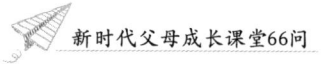

心哟!没有人喜欢吃青豆,尤其是我!"

无奈,老奶奶只能离开。就在老奶奶转身的刹那,卡米拉觉醒了:自己现在的境况远比吃青豆遭人嘲笑要糟糕得多,那么还怕什么呢?那美味可口的青豆不正是自己长久以来一直想吃却不敢吃的吗?

卡米拉吃了青豆。瞬间,一切都在旋转。风暴过后,站在房间中央的正是那个昔日可爱的卡米拉。她又变回了自己!

17. 如何培养孩子的同理心

家长来信

我家有两个女儿,妹妹今年8岁。妹妹小时候就不愿意和其他小朋友分享玩具或零食。即便姐姐经常主动把自己的零食或玩具分享给妹妹,妹妹也不愿意把自己的东西分享给姐姐。一开始我以为是妹妹太小,不懂事,等长大了就好了。但妹妹上学后,情况不但一点改善都没有,反而变得更严重了。姐姐也经常觉得很委屈,觉得自己老是把好东西和妹妹分享,妹妹却总是对自己很小气。我也很生气,不止一次因为这个问题批评妹妹,甚至有几次还打了她。从那以后,妹妹改了许多,虽然有时候不太情愿,还是会跟姐姐分享。可到了三年级之后,不知道为什么她又开始不愿意分享了,和同学的关系也处理不好,班上的同学说她斤斤计较,但她从来不反思自己的问题,总是以自我为中心,不太愿意为他人考虑。我该怎么做,才能培养妹妹换位思考的能力,让她变得大度,学会理解和体谅他人呢?

原因解读

同理心(empathy),又称换位思考、神入、共情,指站在对方立场设身处地思考的一种方式,即于人际交往过程中,能够体会他人的情绪和想法,理解他人的立场和感受,并站在他人的角度思考和处理问题。同理心主要体现在情绪自控、换位思考、倾听及表达尊重等与情商相关的能力。

研究表明，同理心比较强的孩子会更多地表现出利他行为，从而能更好地解决麻烦、融入社会。而同理心较差的孩子则时常表现出反常的、不可控的激进行为，在人际交往、社会适应、情绪控制等方面会遇到比较大的困难。

孩子缺乏同理心，有以下几点原因。其一，孩子幼年时的情感需求没有被满足。缺乏安全感的孩子很难将心比心地去理解他人的需求，如果"我"没有被看见、被理解，"我"就很难关注到"你"或者"他"的需求，这不是一种自私，而是成长中的一个过程。孩子需要被关心、爱护、理解以获得足够的力量，去传递给其他人。其二，孩子没有感受到同理心这种利他行为的社会意义。当孩子没有按照家长的期望表现出有同理心的行为，有些家长会很着急，要求孩子应该表现出友善、大方、乐于分享等行为，可孩子不明白为什么要这么做。家长需要让同理心成为孩子主动内化的一种能力，而不是被迫表现出来的假象。其三，孩子缺乏多角度看问题的能力。他们只关注到分享行为给自己带来的暂时性的不利情况（如自己的零食变少了，自己喜欢玩的玩具不能玩了等），并没有体会到这种分享行为所能带来的喜悦和快乐。

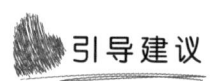

引导建议

第一，家长要培养自己的同理心。

言传不如身教，家长在日常生活中理解孩子的感受，并尊重孩子的情绪，有助于孩子建立同理心。而在生活中，父母的教养态度要一以贯之，不能自己要求孩子有同理心，理解他人的感受，自己却说一套做一套，无视甚至简单粗暴地对待孩子的情绪，这样只会适得其反。

第二，鼓励孩子多参与集体活动，扩大自己的社交圈。

在集体生活中，孩子更容易通过模仿感知接受亲善行为的合理性，孩子会更愿意关注并接受亲社会行为。孩子的社交圈扩大了，其认知范畴也会扩大，孩子会渐渐明白："原来这个世界上除了我，还有其他的人、其他的关系存在，这些人和事对我也很重要。"

第三，培养孩子多角度看待问题的能力。

当孩子表现出所谓的"自私"、不够大方的行为时，可能会遭受家长的批评。批评是一种就事论事，问题应聚焦在孩子身上。但教育孩子的时候，还要考虑到孩子的情感，这样才能培养从多角度看待问题的思维和能力。以孩子不愿意分享为例，如果我们指责孩子："你是哥哥，不可以这么小气，你应该和弟弟分享你的玩具。"孩子关注问题的焦点在于"爸爸妈妈批评我了，我是不好的，我是错的"，他很有可能会为了得到父母正面的评价而勉强做自己不愿意做的事，但内心并没有认可这种行为，当然也无法将之内化为自觉行为。父母在孩子不愿意分享的时候，应理解孩子不愿意分享的情绪并安慰道："我知道你一定很珍惜这个玩具，才不舍得跟弟弟分享。但是弟弟也很喜欢这个玩具，说明你们俩真的有很多共同兴趣，你要不要带着弟弟一起玩呢？"当孩子感到自己的情绪被理解和接纳的时候，会更容易表现出积极的亲社会行为，也更能理解他人的情绪，而且父母给孩子选择的机会，有利于帮助孩子将同理心主动内化为自己的能力。

第四，多关注孩子的情绪变化和情感需求。

当孩子感受到自己的情绪被理解、自己的需求被关注的时候，他们会产生满足感和安全感，这种感觉也会让他们更容易进行换位思考，同时关注到他人的情绪和需求。

拓展读吧

《学会关怀：同理心与责任感的养成》

书籍推荐：

这本少儿素质教育教师指导手册由科学普及出版社出版，引起中国德育领域的关注与肯定。儿童对人和动物生命感知能力缺乏必要的认知，极可能在长大后轻忽他人或动物的感受，甚至产生暴力行为。

本书的主编之一——"行动亚洲"中国事务总监张媛媛，曾是医药企业人力资源高管。通过对人才基本素质十余年的深入研究，她表示："同理心是沟通的基础和创新的动力，优秀人才应有同理心和责任感，并具备慎辨性思维能力，这三种素质是从每个人的幼年开始奠定基础的。"不断肯定和鼓励孩子的亲善行为，会强化儿童的同理心建设，使他们成为致力于让整个世界变得更加美好、积极、友善的公民，进而产生更多的正向行为，降低暴力行为的发展可能性。

第二辑　读懂孩子是正确施爱的前提

18. 如何帮助孩子改变爱说他人坏话的习惯

家长来信

女儿活泼开朗，乐于与同学交往。可近段时间，女儿多次回来跟我反映：昔日的同学、朋友正在慢慢疏远她，有时她主动与对面过来的同学打招呼，对方却视而不见。女儿为此很纳闷，也很苦恼……我们也不清楚女儿在学校的交友情况，建议她向自己关系最好的姐妹问个究竟。原来是因为女儿总喜欢说别人坏话，所以大家开始疏远她。静心想想，女儿觉得自己真是如此，也后悔自己平时没意识到这个问题。现在我们父母又该如何去帮助孩子改变这个坏习惯呢？

原因解读

喜欢背后说人坏话是一种心理品质不良和人际关系互动方式不佳的表现。其实，喜欢说别人坏话的行为背后是有其心理影响因素的。社会学家、心理专家研究发现，说别人坏话其实是在间接地抬高自己而贬低他人，这实际上是内心自卑的表现。喜欢说他人坏话的人往往在日常生活或工作中受过挫折，这种挫败感往往会让他们感到不满甚至愤怒，于是他们往往会下意识地换一种方式挑拨离间、表达自己的不满或愤怒，那就是对别人说三道四。有的时候也映照出自己身上那些无法让自己接受或者是潜意识里不愿意承认的东西；也有可能是受家庭氛围的影响，家长的不良行为起到了反作用。

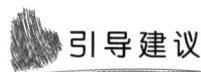
引导建议

第一，父母需要反思自己的语言习惯模式。

父母可以反思一下自己在生活中，是否不经意间在孩子面前议论过家人、朋友或左邻右舍的不是，如果有这个习惯，一定需要从父母本人的习惯改起，用实际行动陪伴孩子共同改变，与孩子共同成长。

第二，引导孩子发现别人的优点，并学会欣赏他人。

生活中很多家庭十分宠爱孩子，这往往容易导致孩子以自我为中心，难以发现别人的优点，不会欣赏他人。再加上中国传统的教育习惯多是身边的长辈为了督促和激励孩子进步，较多地指出、批评孩子的缺点，孩子没有很多机会学习、发现并欣赏他人的长处和美好。所以父母需要有意识地在日常生活中进行引导，让孩子学会发现别人的优点。善于发现别人的优点，就会拥有与人交往、悦纳他人的动力，同时也容易被别人接纳和喜爱。

第三，教孩子学会赞美别人。

赞美别人是一种习惯，习惯要从小就开始培养。如果想让孩子有赞美别人的习惯，父母首先要学会赞美自己的孩子。赞美需要在有事实根据的基础上，用真诚的语言和表情具体、及时地表达出来，切忌虚伪和假大空。比如对孩子说："你每天都能按时起床去上学，自理能力真是越来越强了。"另外，父母也要教孩子用眼神、动作、姿势等方式来赞美和鼓励别人，比如说可以用竖大拇指、微笑、惊叹等来表示对别人能力的倾慕和欣赏。

第四，以身作则来培养孩子的善心。

父母可以在节假日带孩子到养老院或福利院参加一些公益活动或社会实践活动，让孩子懂得每个人都有可能需要他人的帮助，都应该在自己的能力范围内尽力去帮助有困难的人。最重要的是家长要以身作则，给孩子树立一个好榜样。父母在日常交往中，要与人为善，在别人遇到困难的时候，父母要积极主动地去帮一把，这些都会被孩子看在眼里、记在心上，潜移默化之中，孩子也会常怀良善之心。

拓展读吧

一分钟赞美法

关于如何赞扬孩子，父母可以参考美国一位母亲在她的回忆录中给大家提供的"一分钟赞美法"：

1. 事先告诉孩子，当他有好的表现时，父母会赞美他；
2. 每天都挑出孩子一天里做对的事情；
3. 具体告诉孩子做对了什么事情；
4. 告诉孩子父母对他做对的事情有多么高兴；
5. 静默几分钟，让孩子感受到父母的愉快心情；
6. 做符合自己内心感受的事情，或者告诉孩子您爱他，或者拥抱孩子，也可以两种都做；
7. 请孩子也这样做，当孩子发现父母有做得对的事情时，也要赞扬父母；
8. 父母也可以使用一些无声的夸奖，如用笑容、眼神、表情、动作等身体语言对孩子的良好行为做出反应，这也是赞扬的一种好方法。

19. 孩子易恼怒生气，怎么办

家长来信

儿子是个争强好胜、爱好打篮球的花季男生。上周末下午，儿子他们班和邻班在学校篮球场进行友谊赛，抢球时对方一个箭步，不小心把儿子撞倒在地，那个同学连忙伸手去拉他，可是他却把对方的手一打，生气地骂道："你的眼睛长到哪里去了？"平时儿子在和父母、同学相处时，似乎一有摩擦，就会发火生气。他自己为此也很难受、很苦恼，不知该怎样控制自己的情绪。我们该怎样去帮助孩子呢？

原因解读

正处在"花季雨季"的少男少女们，心理敏感而脆弱，思想不成熟，因而在生活中一旦遇到不公，受到委屈，遭到打击，就很容易情绪波动，恼怒生气。人在生气时，潜意识里是在拼命证明自己是正确的，这一过程往往伴随着剧烈的生理和心理反应，如出现血压升高、心跳加快、消化液分泌减少等症状，有时还伴有头晕、多梦、失眠、心烦等，这些心理和生理的异常因素相互影响，会带来不良循环，诱发疾病。

让孩子爱生气的主要原因可能是：其一，孩子从小在溺爱的环境中长大，个体挫折忍受度比较低，好胜心强，渴望成为焦点，害怕受到伤害；其二，以自我为中心,"别人有错,我生气很正常或我就该生气"的思维模式在作祟;其三,生气已成为自动的情绪和本能的身体反应,来不及思考,也没有觉察到自己的行为有什么不妥,或者即使知道随意生气不对,但是也控制不了自己,不知道该怎么办。

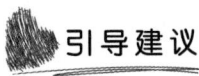 引导建议

孩子在生活与学习中遇到不顺心的事情要生气时,建议父母采用以下方法去帮助孩子进行调适:

第一,引导孩子离开刺激源,转移注意力。

生气时,人的心胸易变得狭隘,好钻牛角尖。建议孩子尽快离开生气的现场和激怒自己的人,将注意力从原来的负面情绪转移到其他的事情上,如出去走一走、看看电视、听听音乐、打打球、跑跑步等,都可以避免情绪继续恶化。

第二,进行积极的自我暗示,理性控制自己的情绪。

当生气的情绪要产生时,建议孩子可以先深呼吸几次,然后在内心反复提醒自己"不用生气,生气解决不了问题""生气是拿别人的错误来惩罚自己""生气对我没有什么好处",慢慢平静下来,就有可能遏制住冲动的情绪,避免不良后果的产生,最终可以用理智来战胜情绪。经过一段时间的调整和训练,孩子就不会那么容易生气了。

第三,引导孩子勇于面对困难,积极承担责任。

很多孩子害怕失败,不愿意承认自己的错误,在遇到问题的时候往往迁怒于别的人或事物,向外归因来逃避问题,不敢面对自己的失败。家长可以向孩子坦诚自己曾犯下的过失,把自己小时候的类似经历讲给孩子听,并告诉他自己从中学到什么,这种方法往往对孩子很有帮助和启发。

第四，教导孩子学会宽容，通过阅读来修身养性。

每个人都有可能遭人误解，受到指责，受到委屈。家长要引导孩子用宽容平和的心态去对待眼前的一切，遇事不急不躁，理性思考，积极面对。另外还可以和孩子一起制订计划，有针对性地阅读经典著作，修炼孩子的心性。

拓展读吧

谁能让小胖子生气？

一所学校里有个胖胖的小孩子，很多人笑话他，被称作"小胖子"的他非常地生气、痛苦、自卑，却没有办法。一天，学校的校长知道了这件事，他招呼大家做个游戏。他拿出一个非常棒的礼物作为奖品，并向大家说明了游戏规则：除了"小胖子"外的所有孩子，如果谁能用言语让"小胖子"生气，这个礼物就是他的；反之，这个超棒的礼物就属于"小胖子"。

结果所有的孩子用尽一切办法嘲笑"小胖子"，他都无动于衷。最终，礼物当然属于"小胖子"。聪明的你，知道为什么"小胖子"这次没有生气吗？我们的情绪到底是谁在控制呢？

20. 孩子总是喋喋不休、随意插话，怎么办

家长来信

10岁的儿子实在是太能说了，我实在是为有个"话唠"的孩子而困扰。如果他只是一个人嘀嘀咕咕也就算了，可他非得让所有人都听他"演说"。很小的时候大家还觉得他这种行为蛮可爱，可现在都五年级了，他还是不分场合地插话，打断大人间的正常交流……据老师反映，他在课堂上也经常插话，多次提醒都不见改正，让老师也十分无奈，部分同学也开始反感他的做法。我该怎样让他安静下来呢？又该怎样让他学会倾听，学会适时地表达呢？

原因解读

孩子随意插话确实让人烦恼，父母要了解产生这种行为的原因，才能对症下药。

一般来说，孩子爱插话的原因有以下几种：其一，孩子想引起父母的关注，尤其是家里有客人时，有表现自我的冲动，希望自己能成为大家关注的焦点；其二，孩子常喜欢有样学样，如果家里有人喜欢打断别人说话、喜欢插话，孩子自然会观察并进行效仿；其三，孩子还没有掌握正确的表达技巧，不知道如何有礼貌、有分寸地表达。

引导建议

第一，尊重孩子个性，了解插话行为背后的动机。

行为背后必有动机，成人如此，孩子更是如此。心理专家总结的孩子插话行为背后常见的心理动机，家长可以对比参照：一是与父母分享自己的想法；二是寻求父母的帮助；三是对话题的好奇与疑惑；四是排斥父母的聊天对象；五是带着浓烈情绪的行为失控。

其实，孩子喜欢插话并不是一件完全消极的事情，至少表明其乐于表达，比闷不吭声地一个人玩要好很多……父母要做的是引导孩子学会有分寸地进行表达。

每个孩子的性格特质都不同，有的孩子天生安静，有的孩子生来好动。当孩子插话过于频繁且不分场合时，家长需要尊重孩子个性，同时觉察过往与孩子的互动过程：是不是忽视了孩子的表达需求；孩子有表达需求时，父母有没有给予足够的耐心和引导。

第二，陪同孩子练就有分寸的表达。

很多孩子并不知道随意插话是不礼貌、不合适的行为，这需要家长及时引导，并帮助孩子学会有分寸的表达——表达不只是用嘴说话，还要懂得在合适的时间和合适的地点对交流对象说合适的话。

这是一个循序渐进的过程，需要父母用足够的耐心去引导。比如，我们可以给孩子足够的时间去做充分的表达，然后根据孩子的表现设定条件进行"限时表达"——"演讲五分钟"，锻炼孩子在限定时间内清楚表达的能力。

家长还可以通过角色扮演玩"插话游戏"，让孩子体验到被随意插话的感受。比如让孩子体验自己跟妈妈沟通时，爸爸不停插话。也可以让孩子观察，爷爷奶奶交流时，妈妈在旁边不停地干扰……通过这些真实体验，使孩子感同身受，从而能够懂得有礼貌地表达。

第三，学会倾听，懂得尊重和关注他人。

如果孩子能够准确地自我表达了，也懂得不应该随意插话，那么家长可以引领孩子向更高的目标迈进——学会倾听。

在家庭日常生活或者亲子游戏中，父母可以和孩子做"倾听—复述"练习：听别人说一分钟，然后把对方表达的信息复述出来。这种复述包括对方的语言、表情、神态，乃至于情绪感受。最后由表达者评估打分，确定复述效果。

通过这样的游戏或练习，可以提高孩子的倾听能力和感受能力，也能够锻炼孩子的记忆力并增强表达的条理性。

家长给予孩子足够的尊重与关注，引领孩子学会倾听和表达，孩子就能慢慢改掉喋喋不休、随意插话的毛病了。

拓展读吧

很多时候，我们都乐于和别人交流我们的故事，却总是忘了聆听。

加恩·斯坦在书中写过这样的话："我不能讲话，所以很认真地听。我从不打断人，从不用自己的评论来主导对话。如果你注意，便会发现人们总是不断改变对话的方向。就好像你在开车，坐在你旁边的乘客突然抓住方向盘，帮你转弯。"

我们身边可能都有这样子的人：你想给他讲你昨天发生的一件特别有意思的事情，他总会捕捉到其中的一些词把话题打断。这样几次下来，你就再也没有想把故事完整告诉他的欲望了。

我不是说这些人故意打断话而把话题往自己身上引，更多的人是无意识的，可正因为是无意识的才可怕。当你瞅着他，他会一瞬间反应过来：你说你说。可是你已经没有想说的意愿了。

不要做这样的人，随便打断别人的故事，要做一个让别人有倾诉欲望的人。

——节选自《听听别人讲话，不要去抢人家的故事》，有改动

21. 孩子总喜欢黏着父母，怎么办

家长来信

可能是女儿以前年纪太小，我没有注意到这个问题，现在孩子已经10岁了，出门还总像个小尾巴一样黏着我，让她跟别的孩子玩，她既害怕又不愿意。尤其是在学校，都快五年级了，下了课她总是一个人坐在座位上待着，还像一只不会飞的小鸟，常常孤孤单单的一个人。放学接她时，她就飞快地跑到我的身后、跟着我，一副很享受和安心的样子。看她这副模样，我很焦虑和担心啊，可我又不知道怎么去引导她，该怎么办呢？

原因解读

父母的翅膀护得了孩子一时，护不了一生，这外面纵然有风有雨，她终究都得飞出去。

"孩子胆小，不敢离开父母亲，不敢和别的孩子玩"，确实让父母焦虑，分析原因，可能有以下几点：其一，性格内向，习惯于沉浸在自己的世界；其二，父母或家人的过度保护与宠溺，束缚了孩子社交能力的发展；其三，缺少互动经验，父母早期没有关注这方面，目前也没有科学的引导方法；其四，之前可能有受挫失败的互动体验，孩子心怀恐惧，不愿重蹈覆辙。

不管如何，与人交往是孩子必须掌握的技能，父母都需要引导孩子走向更广阔的世界。

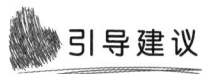
引导建议

第一，良好的家庭氛围和关系是孩子与人交往的能量来源。

为了让孩子走出家庭、走向社会，去跟形形色色的人交往，建立情感连接，家长需要让孩子"动"起来。孩子的交际能力首先是在家庭中学习的。家长可以尝试通过不同的动作、声音、色彩以及游戏等，调动孩子的感官，吸引他们的注意，让身体在乐趣中动起来。对于那种内向、沉浸在自己世界的孩子，这项工作需要家人付出极大的耐心。所以，和善的家庭环境和良好的家庭关系是父母要努力经营与保持的，在这个基础上，孩子才有探索世界的勇气，才有与他人交往的能量来源。

第二，把家庭当剧场，在游戏中成长。

孩子最初的人际交往知识和技能是在家庭中习得的，在父母意识到这种学习对孩子成长的重要性后，我们可以设置各种家庭生活剧场，用角色扮演和游戏互动的方式，帮助孩子找到与他人相处的方式方法。

具体地说，可以从以下三个方面来帮助孩子：

一是通过互动游戏，提高孩子的情景抗挫力。孩子进入新环境时，能够适应陌生的环境并融入集体，在与伙伴的互动中找到乐趣和价值，自然能收获友谊和归属感。所以，家长要引导孩子练习在人际互动中保持乐观的态度。这方面的互动游戏，需要让孩子明确交际中哪些行为是可做的，哪些行为是不可以做的，比如积极的身体接触如何做、如何避免肢体冲突。同时，在日常生活中，父母要有意识地经常与孩子进行良好的互动，比如如何发出邀请、如何表达对别人的赞赏以及遇到冲突时可以怎样处理等。

二是设置家庭生活剧场，立体地为孩子营造良好氛围和做好榜样示范。家长可以从眼神交流、主动倾听、语言表达、热情尊重、读懂他人等角度来设置与孩子的互动剧场，耳濡目染之下，让孩子在不知不觉中掌握和内化与人交往的技巧。

三是学会冲突管理，读懂对方需求。孩子的生活经验很少，面临冲突时，往往不知所措，处理不当。父母要培养孩子读懂冲突背后各自的需要，发现并关注彼此的共性需要。在亲子互动中，培养孩子共同的需要是一个非常重要的人际交往法则。

第三，实战演练，驱散恐惧。

在家中的自由表现并不代表孩子在学校和社会中也能如此，有时候，孩子会因为受伤、恐惧而不敢迈出第一步。所以，父母除了支持，还应创设真实的社交场景，安排社会实践活动。

比如去超市或餐厅，让孩子去结账或拿东西，就是非常好的社交实践机会；比如家庭间的亲子互动活动，参加读书会或夏令营等，都是很好的锻炼机会。

孩子的成长，一定是发生在实践中和真实事件中，而父母要做的，就是引导与鼓励、支持与帮助。

拓展读吧

一个喜欢别人称呼他为"马奇"的混血美国少年，对树有一种近乎痴迷的感情，每天都要爬树，在树上度过一段时光。

很多人到了七八岁就不再爬树，尽管马奇已经14岁了，但是他还是离不开树，照爬不误，并且一定要生活在有树的地方。父母因此分居，他虽然知道却不在乎，大概有些特殊才华的孩子都是这样吧，缺少对正常感情和情绪的感知能力。

马奇的妈妈更喜欢叫他彼得，尽管他从来不回应。妈妈生活艰难：单身，带着一个泛自闭症的孩子，常常因为这个孩子的古怪行为遭到邻居的报警，总是搬家。

从马奇的视角看，妈妈常常无缘无故地流泪，甚至在开车的时候，一句话没说完就泪流满面。他不懂，但是我懂了。这位母亲一定无数次地为孩子的将来担忧，所有人都不接纳他，离他而去，即便是自己，将来也要先走一步。那时候，他一个人在世上，要怎么办？

马奇是一个天才，他拥有"照相机"式的记忆能力，了解关于树的很多知识，甚至可以与奥林匹亚环境保护委员会的工作人员侃侃而谈，引起对方的兴趣。同时，他有泛自闭症的其他典型症状：和其他人一有分歧就变得很激动，有时控制不住动作上的抽搐，伤害到自己和亲人。妈妈依然爱他、陪伴他、照料他，定时带他去看医生。所以，当他遇到人生中第一个巨大的危机——最喜欢的一棵鹰树要被砍掉时，他的表现出人意料。马奇主动尝试和周围的人沟通，寻求理解和帮助，甚至努力克服自己的心理障碍；他在公开场合演讲，让更多的人听到自己的诉求，一起保护鹰树。

马奇做到了。当他站在市政厅里，忍耐着紧张和慌乱，忍耐着皮肤上的灼烧感，在市长、市议会成员和听众面前演讲的时刻，堪称精彩，令人莫名激动！

马奇在演讲中提到，鹰树上生活着一只海鸠——一种受联邦政府保护的濒危鸟类。事情曾一度有了转机。之后，马奇还在深夜偷偷爬上了鹰树，最终坠地受伤。媒体纷纷报道了这件事，对于马奇的动机也是众说纷纭：为了救海鸠；为了发表一个声明；为了表达自己的愤怒；想要自杀。最后，鹰树还是被砍倒，原址上建起了一处公园。但是在为鹰树呼吁的过程中，马奇长大了，成熟了，他开始对其他人做每一件事的原因都多了一点点的理解。

——节选自豆瓣用户"大二炜"《树上的月光》相关书评，有改动

第二辑　读懂孩子是正确施爱的前提

22. 孩子不愿与同学交往，怎么办

家长来信

我和我老公都是教师，我们平时对孩子比较严厉，对儿子的学习成绩很重视，在他身上花了不少心思。儿子也很争气，从小到大成绩一直很好，这点让我和他爸爸很骄傲。我本身也是很爱整洁和比较宅的人，我也很少邀请朋友到家里玩。儿子比较内向，基本上没有带同学来家里过，我觉得这样也挺好，可以有更多时间来学习。现在孩子读初中了，还是没有什么朋友，总是不太自信。有时候他也和我说羡慕别人有朋友，但是他都不主动去交朋友，别人找他玩，他也比较腼腆，总说自己比较无聊，不知道和同学聊什么。渐渐地，我发现他越来越闷闷不乐，老师也说他在班上很孤僻，独来独往的。他现在也不爱和我们说话了。他埋怨过我干涉他小学时交往的一个朋友，因为那个孩子成绩不好，我要他和其他教师子女玩。但是事情已经过去了，我现在支持他自己去主动交朋友，他为什么却又不愿意呢？

原因解读

人是社会中的人，天然就有人际交往的需求，只是有些人内向，在陌生人面前比较腼腆，而有些人外向，能够很自如地与陌生人主动交往，但是每个人都有与人建立关系的渴望。造成来信中的孩子不愿与同学交往的主要原因有以

下两点。其一,当孩子表现出不愿意与人交往时,很有可能是之前与朋友交往过程中受到了挫折或者伤害,让他产生了退缩的心理,或者是他还没有学会如何去交友。来信中的孩子表现出的不愿与人交往还和之前父母干涉他交友有关。事实上父母与孩子评判交友的标准是不一样的,可能父母更关注对方的家世和学习成绩等方面,但是孩子交朋友可能会更注重有没有话聊、有没有共同的兴趣爱好、在一起开不开心等。其二,家庭环境和父母的交友行为等对孩子的影响也是很大的。信中的母亲自己也不爱交朋友,但是可能因为其工作性质和特点,她在学校肯定会有同事之间、师生之间的互动,对于母亲来说,人际交往的需求也许已得到满足。但是对于青春期的孩子来说,他们在经历"心理断乳期",友谊成为其顺利度过这个阶段的"营养米糊",所以与同伴的友谊对孩子来说非常重要。母亲不爱交朋友的习惯也影响了孩子的行为:孩子没能从父母那里学到交友的技巧,也没得到父母的交友指导。

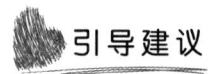

引导建议

第一,以身作则,多交朋友。

人人都是需要朋友的,当然也包括父母,但是孩子需要从内心相信父母是真的想要他结交朋友,所以父母要做出榜样。父母可以把关系亲密的朋友及他们的孩子带到家里来搞家庭聚会,也可以开展一些户外的亲子活动。一来孩子亲眼看到父母是真的喜欢朋友,二来父母可以示范交友的技巧并隐形地推动、指导孩子去参与和体验与他人互动的过程,创造条件、设计环节让孩子突破与他人的交往障碍,及时和适时地给予孩子赞美与肯定。

第二,鼓励孩子培养自己的兴趣爱好。

孩子很有可能是因为与其他同学没有共同话题才无法进行交往,所以可以挖掘和培养孩子的各种兴趣爱好,比如绘画、打球。最开始父母多陪同孩子一起去探索和实践,这样做不仅可以很好地带动孩子的积极性,还可以增进孩子

第二辑　读懂孩子是正确施爱的前提

与父母的关系。有了这些兴趣爱好，到了学校里孩子就能更容易结交到朋友。此外，孩子慢慢地形成自己的兴趣爱好，经过练习和实践后可能会比较擅长，这样也会增加孩子的自信，更有利于其进行社交活动。

第三，不过多干涉孩子择友。

我们的家长要充分信任自己的孩子，理解孩子交友是有自己的标准的，这些朋友肯定是有吸引孩子的地方，肯定是有优点值得学习的。一些同学学习成绩一般，但可能个性很好，人际关系很好，思维活跃，有创造力，这些都是孩子可以学习的。对曾经干涉儿子交友的事情，信中的妈妈在适当的时候也可以真诚地与孩子交谈并向他道歉，说清楚自己现在主要是看重人品，只要人品好，其他方面都没那么重要。父母要善于引导孩子慎重择友，给孩子多一些自主选择和判断的机会，在遇到问题时，耐心地帮助孩子分析并给出恰当的指导。

第四，多正面评价和肯定孩子。

父母平时要多正面评价和赞扬孩子，特别是除成绩好以外的优点，要多关注、多发现，具体、详细地点出。父母要用欣赏的眼光看待孩子，让孩子变得更加自信。孩子自信了，就更愿意与其他人做朋友，也更容易被其他人所接纳。

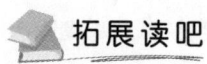
拓展读吧

刘谦主动赢得忘年交

2011年6月，魔术师刘谦可谓双喜临门：第一件喜事，他被冠以"东方传奇"并登上全球最权威的魔术杂志 Magic Magazine 当年6月刊的封面；第二件喜事，6月25日是他35岁生日。

对能登上 Magic Magazine 的封面，刘谦显得很激动，而对自己的生日，他没有在意，原计划约几个朋友吃顿饭就行了。但当他获悉，纽约市将于6月25日为美国著名魔术师约翰·卡尔弗特举办100岁生日庆典活动，他便坐不住了：卡尔弗特的百岁生日正好与自己同一天，如果能亲往参加这一盛会，那该有多么荣幸啊！

摆在刘谦面前的难题是，作为魔术界颇负盛名的卡尔弗特，不仅不认识他这个后起之秀，更没有向他发出参加庆典的邀请，如何才能如愿以偿呢？

刘谦想到了 Magic Magazine 杂志，他打电话请求总编帮忙，总编将卡尔弗特的电话给了他。刘谦忐忑地拨通了卡尔弗特的电话后说："不知您是否听说过一个叫刘谦的魔术师，虽然他的表演技巧仍不娴熟，但还是上了 Magic Magazine 杂志的封面，我想您也看到了吧。"卡尔弗特问道："你就是那个被称为'东方传奇'的中国小伙子？能告诉我你打电话有什么事吗？"

刘谦顺着他的话头说下去："6月25日是您的百岁寿诞，而我恰好也是这天生日，如果能前往为您道贺，那将是我最大的荣耀。"

卡尔弗大笑道："没想到，咱俩竟是同一天生日，确实值得庆贺。我现在真诚邀请你来纽约，共同庆贺我们的生日。"刘谦激动不已地说："谢谢您，到时我会给您送上一件精美的礼物。"

庆贺仪式开始后，刘谦首先用英文表演了一个魔术，得到了全场起立鼓掌的最高"奖励"。卡尔弗特也随后表演了节目。他刚表演完，刘谦就走上前，将自己的"世纪魔术师"奖杯赠送给他，并深情地说："只有您才配得上这个称号，作为晚辈，能与您这样一位德高望重的魔术界泰斗共度生日，是我最大的幸福。尤其当我冒昧地与您通话时，您没有丝毫犹豫就答应了我的请求，让我十分感动。从您身上，我学到了做人的美德，这也将激励我在事业上精益求精，努力做一个像您一样的魔术师。"老人一开始竭力推辞，最终架不住刘谦的真诚，捧着奖杯哽咽道："谢谢你送给我的生日大礼，它对我意义非凡。希望你能继续用精湛的魔幻艺术，给人们带来更多的欢乐！"

23. 如何引导孩子正确交友

家长来信

女儿进初中了，一开始总是跟我说对新的环境很不适应，没有朋友。后来女儿终于交到一个朋友小优，我也很为她开心。但一次女儿带小优回家做作业，小优总是不停地找话说，要么吃零食，要么东摸摸西看看，拖了两个多小时，作业还剩一大半没完成，受她影响，女儿也很难专心。小优还喜欢炫耀，总说自己去哪里玩过，爸爸多么有钱，自己的衣服、鞋子多么昂贵，常常惹得女儿羡慕不已。

我不是想阻止孩子交友，但是一个做作业不专心又喜欢炫耀的孩子，显然不是理想的朋友人选。因此，当女儿把小优送出门后，我就很不高兴地说："以后别和小优走得太近，这孩子坏毛病太多了！"女儿却不以为然地说："谁没有坏毛病啊，小优是我的朋友，你不许说她坏话！"我该如何引导孩子正确交友？

原因解读

在孩子的成长道路上，交友是其中不可或缺的一环。俗话说："近朱者赤，近墨者黑。"每位家长都希望自己的孩子能结交优秀的朋友，树立正确的交友观，在良好的社交圈子里学到更多的东西。然而，孩子到底交什么样的朋友也不是家长可以强加干涉的，如果家长一味地指责孩子的朋友，反而容易引发亲子冲突，这也是很多家长所头痛的事情。

孩子为什么会因为朋友和家长发生冲突呢？我们要注意去分析其中的原因。其一，孩子需要朋友，尤其是在集体活动中，归属感的建立对孩子适应环境非常重要。他们认为即使自己的朋友有一些坏毛病，但总比没有朋友好。其二，孩子和父母的"好与坏"标准可能是不一样的。父母认为的"炫耀"，在孩子看来可能是"大方"；父母认为的"叛逆"，孩子可能觉得是"个性"。家长如果只从自己的角度出发而进行单方面评判，并坚持己见，很可能对孩子的朋友形成错误的印象。

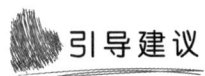

引导建议

第一，及时与孩子沟通，做孩子的朋友。

作家汪曾祺曾经写过一篇文章《多年父子成兄弟》，描述了三代人之间的那种微妙的友谊，这样的情感朴实、真挚而温暖。其实，做父母的如果能成为孩子人生中的第一个朋友和终身的朋友，带给孩子的安全感和亲密感都是非常珍贵和美好的。孩子能够在和父母的互动中学习交往的技巧，体验亲密的互动，从而在人际交往中更为主动和从容。

第二，了解孩子的交友情况，但不盲目干预。

看到孩子的朋友有不足，不宜直接强硬干预。父母要和孩子深入沟通，了解孩子对这个朋友的看法，孩子可能从同伴的角度，看到的是父母所未能了解的优点。

同时，如果确实发现孩子受到朋友的不良影响，但又不接受父母的建议，应该先观察，然后再找机会进行疏导。

第三，引导孩子参加有益的活动，帮助他们远离不良影响。

孩子的精力是有限的，如果家长能在平时带着孩子多参加一些有益的社会活动，或者让孩子根据自己的兴趣爱好参加一些课外班，为他们创设一定的条件，引导他们到有意义的活动中去寻找乐趣，结交积极向上的朋友，这样，孩子的注意力就会转移，慢慢地就会远离那些不良的影响。

第四，家长要及时与学校取得联系，进行配合教育。

孩子的主要生活环境是家庭和学校，他们交往的对象基本也在这两个环境圈子里。当孩子交友出现某些问题时，家长要及时与学校取得联系。因为学生的许多活动都发生在教师的视野里，教师可能会掌握一些情况和信息。另外，教师是专业的教育工作者，他们掌握教育的规律，有一定的教育方法，家长可以多向教师请教。经过家校双方共同协作，帮助孩子走向正轨就会容易很多。

综上所述，父母在平时就应该给孩子立规矩，同时要注意维持良好、和谐的亲子关系，这样才能帮助孩子树立正确的择友观，提高孩子的"免疫力"，真正从源头上预防孩子的出格行为。家长还需要注意的是，不要过度保护孩子，否则他们很可能会丧失自我保护意识和是非判断能力，从而难以适应今后的社会生活。

拓展读吧

教孩子辨析"益友"和"损友"

《论语·季氏》中提道："益者三友，损者三友。友直，友谅，友多闻，益矣；友便辟，友善柔，友便佞，损矣。"意思是说，有益的朋友有三种，有害的朋友也有三种。结交正直的朋友、诚信的朋友和知识广博的朋友，是有益的；结交谄媚逢迎的朋友，结交表面奉承而背后诽谤他人的朋友，结交善于花言巧语的朋友，是有害的。那么应如何帮助孩子辨析"益友"和"损友"呢？我们可以和孩子一起看看以下的内容。

益友会真诚地对你的成功表示庆贺；而损友会嫉妒你的成功。

益友尊重你的私人时间；而损友把你的时间全部夺走。

益友理解每个人都有不同类型的朋友，所以他们不会对你的其他朋友指手画脚；而损友不喜欢你的其他朋友。

益友喜欢跟你交流不同的观点；而损友只想让你认同他的观点。

益友接受你的真实自我状态；而损友尝试去改变你，希望你成为他喜欢的样子。

24. 孩子为友情犯错，怎么引导

家长来信

孩子在读五年级，不久前，孩子的班主任打电话跟我反映情况，说孩子帮同学考试作弊，让我跟孩子沟通一下，在交友方面做些正确的引导。我观察了一段时间后，发现孩子有几个玩得特别好的朋友，偶尔闹点矛盾，和好后也就没事了。只是孩子最近闷闷不乐，似乎有心事。原来临近期中考试，好朋友让他"照顾"一下。因为之前的经历，孩子很纠结，一方面他知道这是违纪的，另一方面又怕影响与好朋友的关系。在原则与友情之间，该如何引导孩子呢？

原因解读

友情是人生中不可或缺的情感之一，我们最初的朋友大多是同班同学。学生阶段的友情，纯真而美好。只是如果没有正确引导，稍有不慎，孩子可能会为了友情做一些错误的事情。

十来岁的孩子会单纯地满足朋友提出的需求，以表达对朋友的珍视，以彰显自己对朋友的义气，而不去考虑行为后果。因为这阶段的孩子，仍在探索"什么是朋友，什么是好朋友"的概念，并不清楚如何去结交真正的朋友和维持友谊。这时候，就需要家长的有效引导了。

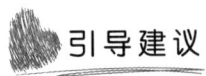 引导建议

第一，肯定孩子的助人动机，帮助其建立行为的是非观念。

父母需要帮助孩子澄清助人的想法和助人的方法这两个概念。帮助朋友的想法是值得肯定和表扬的，因为出发点是为了朋友好。但怎样才能真正地帮到朋友呢？这就涉及方法问题了，而方法是有对错的。

家长可以与孩子一起分析，帮朋友舞弊或做其他错事会带来什么后果，这种行为是对是错。友谊需要看得长远，要明白最终彼此能获得什么。其实，孩子的内心是有是非观的，只是在表达时会被环境或关系所困扰，担心"大家都这么做，我不做会不会很另类"或者"我不帮他，他以后会不会不理我了"。这就需要父母经常帮助孩子强化是非观念，增强孩子抵抗干扰因素的能力，对朋友的不合理请求，要学会坚定地拒绝。

第二，帮助孩子建立交友原则，树立正确的友情观。

孩子结交什么样的朋友，有时候比学习成绩更让家长操心。近些年的新闻中，经常出现因交友不慎而招致伤害的事件。如何交到合适的好的朋友？这其实是一个很实际的操作问题。

家长可以从实际出发，给孩子一些交友的参考标准。一是交懂礼貌的朋友，因为礼貌背后体现的是家庭教养。言语粗鄙、口无遮拦、没大没小的孩子，家长可以直接建议远离这样的孩子并告知其理由。二是交懂得自律的朋友，自律最明显的体现就是对学习和时间的管理。经常不做作业，总是干扰自己学习的人，也是需要远离的。三是朋友在精不在多。永远不要为了面子而交朋友，也不要怕没朋友而不加选择地交朋友，更不要为了朋友去做明知是错的事情。

让孩子从小明白，做好自己，我们就一定会收获陪伴我们一生的朋友，真正的友情会让我们的人生更加精彩。

第三，学会珍惜朋友，懂得成就彼此。

真正的好朋友，一定有吸引彼此的内在品质，一定是成就彼此的人生伙伴。为了增进友谊，父母要引导孩子开展一些日常交友活动：（1）主题交流方面的家庭聚会；（2）重要节日或生日互赠礼物；（3）共同阅读并交流一本书；（4）相约参加户外活动，如参观博物馆、科技馆等。

好朋友是在持续的交流中不断地促进和成就彼此，进而相互吸引和欣赏。对成长中的很多事情，家长说起来头头是道，但孩子做起来却并不容易。所以，家长需要持续地关注，在孩子犯糊涂时及时地引导，让交友原则和方法内化为孩子的性格与价值观，指引孩子一生的成长。

拓展读吧

交友原则

莫郁

我并不喜欢独处、安静，与其他人一样喜欢热闹，所以我很珍惜我的朋友，也很爱交朋友，但是我的朋友却屈指可数。

到了九年级上政治课讲人际交往、如何交朋友时，我认真听讲。我明白了交友首先是品德好，其次是兴趣相同，性格合得来就可以了。

懂得了如何交朋友，但是我的朋友依旧很少。与我性格兴趣相同的人太少了。大多数男生喜欢篮球，喜欢打闹。我喜欢听歌、漫步，最重要的是我极度不喜欢他们满口脏话。大多数男生外向、张扬，而我的性格是内向的。我与大多数男生性格不一样是我朋友少的原因。

后来几个朋友是高中交往的，有外向的，有内向的。只要人是善良的就好，我们都能把心事告诉对方，与对方分享快乐与悲伤。高中交往的内容只是单纯的学习，为了高考，为了理想，朋友相伴左右，讨论让人头疼的题目，那

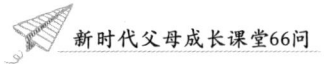

也是一幅多么美好的画面。

如今进入大学,交朋友却是难事,有时候为了一点的小利益争得面红耳赤,同学的情谊都没有,就不要说朋友了。我开始怀念高中的朋友、高中的校园,高中生活虽然忙碌却充实与简单。我感觉还是幸运的,能够交到两三个真心朋友,虽理想不同,却能相互理解,相互支持与鼓励。

25. 如何引导孩子远离校园欺凌

家长来信

为了给孩子更好的教育环境,培养孩子的独立生活能力,这学期我们让孩子读的是私立寄宿学校,每周回家一次。

我家孩子性格比较开朗,在原来的学校和同学相处得不错,我本来以为上初中后应该有更好的发展,但她最近几次回家,常常有些闷闷不乐的,问她也不说。后来跟班主任了解情况,老师反馈说,孩子跟班上的几个女生可能有点小矛盾,听说那几个女孩子有点孤立她,还传一些我女儿的谣言。我开始很担心,现在网上各种校园欺凌的案例,辱骂殴打,持刀威胁,还有胁迫拍照这些新闻,看得我触目惊心。我害怕孩子会陷入到校园欺凌的事件中,我应该怎么和孩子沟通,避免这些事件的发生呢?

原因解读

校园欺凌,又称校园暴力,是指发生在学校内或学校外,通过肢体、语言及网络等手段,对学校成员蓄意或恶意实施欺负、侮辱,导致其身体或精神受到伤害的行为。

校园欺凌现象的成因一般来说有三个:学校教育的偏失、家庭教育的缺失和社会不良风气的影响。

家庭教育的缺失是其中重要的影响因素。一是家庭不和谐。父母关系紧张、父母离异、单亲家庭、留守儿童等问题，导致亲子间缺乏交流，家长对孩子疏于管教，孩子长期得不到亲情温暖，易产生挫败感和不安全感，导致自私、孤僻、忧郁、斗狠等性格。二是父母素养不高，不注重言行。子女耳濡目染，养成不良品性。三是父母教育方式不当，不懂沟通，对孩子非打即骂，简单粗暴，经常把不良情绪发泄到子女身上，导致子女出现心理障碍。

还有学校层面的因素，部分学校片面追求考试成绩，忽视道德作用和对学生人际交往能力的培养，导致学生在处理人际关系时往往比较激进和粗暴，不计后果。学校对校园欺凌往往不能有效进行监管，不能从源头上及时控制，致使一些轻微的不良行为逐渐转化成严重的校园暴力。

社会不良风气也是导致校园欺凌事件频发的因素之一。学校周边环境复杂，社会暴力文化通过影视剧、网络游戏等大范围渲染。在互联网时代，信息传播速度极快，很多校园欺凌事件被上传到网上，得不到有效的监管，结果成了下一个欺凌事件的活教材。

然而，由于校园欺凌的隐秘性和低龄化趋势，欺凌发生后，很多孩子不愿意向家长和老师反映情况，家长和老师往往难以发现，干预不及时也会酿成恶果。

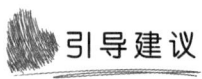

引导建议

第一，家长不要过于敏感，要为孩子做好示范。

家长首先不要过于敏感，孩子与同伴相处难免会有冲突，不要把简单的冲突认定为是校园欺凌，而要主动和孩子交流，协助孩子处理好校园中的人际关系。

同时，家长也要尽量做到举止文明，改变简单粗暴的教育方法，以自己的实际言行为孩子树立好榜样。同时，家长要注重培养孩子的自信心和良好的交往能力。

第二，指导孩子掌握一些应对校园欺凌的方法。

让孩子掌握一些应对校园欺凌的方法非常重要，比如：在学校不要去挑逗比较霸道和强悍的同伴；上下学和活动时尽可能结伴而行；独自外出时，不要走僻静、人少的地方；放学后按时回家，不要在路上贪玩，不要天黑才回家；遇到暴力的时候不要惊慌，尽量不激怒对方，尽可能拖延时间，争取机会求救；当自己和对方的力量悬殊时，也要认识到自己有保护自己的能力，可以通过有策略的谈话或借助环境来使自己摆脱困境；一定要及时跟家长、老师沟通情况，不要在忍气吞声中一个人默默承受身体和心理上的创伤。

第三，及时留意观察，与孩子多沟通。

很多孩子遭遇校园欺凌后，出于种种原因不敢或不愿跟老师、家长沟通，家长要留意孩子在行为和心理上的一些变化：如果孩子身体无故出现各种伤痕，诸如淤伤、抓伤等，那很可能是孩子受到暴力侵害；如果孩子出现食欲下降、精神恍惚、睡眠质量变差、学习成绩波动、如厕习惯改变（厕所是校园欺凌的高发地，因此很多孩子避免在学校上厕所）等变化，要巧妙地与孩子沟通以便了解这些变化背后的原因。如果孩子变得不爱上学或要求转学，家长要与班主任老师等取得联系并进行沟通。

如果孩子真的卷入了校园欺凌事件中，不管孩子是欺凌者还是被欺凌者，都需要进行及时的处理和干预。家长应及时与学校、涉事家长沟通协商，及时制止视频、影像资料的进一步流出和传播，将发生冲突的学生暂时分开隔离，防止进一步的冲突和欺凌发生；孩子身体方面的治疗固然重要，但更要重视的是心理和情感急救，不能急于改变或回避孩子的感受，要耐心地倾听和接受，然后再跟孩子沟通，一起面对。家长要陪伴孩子，帮助孩子重新建立与他人交往的信心。如果校园欺凌事件特别严重，则要及时寻求专业心理人员的干预和指导。除了上述的干预和处理之外，必要时可以启动法律程序。

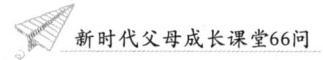
拓展读吧

佟丽华主编的《反校园欺凌手册》为探讨校园欺凌的预防和治理提出了建设性思路。它是国内第一本提出什么是校园欺凌，家长、学生和学校应如何面对校园欺凌的图书。这套书一共两本，分为家长读本和学生读本。

学生读本告诉孩子，什么是校园欺凌，欺凌可为几种形式；受到不同形式欺凌应该分别怎么样去处理；受到欺凌后，哪些事情是绝对不可以做的，其中包括沉默和放弃自己。

学生读本也告诉那些欺凌别人的孩子，长此以往可能会走上什么样的人生道路，可能会遇到什么样的法律风险，甚至会面临牢狱之灾；同时告诉那些旁观者和迫于压力被动加入欺凌者行列的那些孩子，为什么会成为一个旁观者，成为旁观者的后果会是什么，可以采取哪些行动去帮助被欺凌的同学。

而在家长读本中，它告诉老师和家长如何从制度上有效预防校园欺凌，遇到欺凌事件后处理的程序是什么，法律依据有哪些，合法的做法有哪些。

26. 如何引导孩子与异性同学正常交往

家长来信

我有一个女儿，长得十分漂亮，平时也非常乖巧懂事，在学校成绩处于中上游，也不用我操心。但是，最近有一件事情让我很烦恼，就是她在和异性交往的过程中没有分寸。女儿是一个很单纯的女孩，跟男孩子在一起时大大咧咧的，有时候会拍拍对方的肩膀，偶尔还会跟男生单独一起去看电影。结果小区里面的人开始议论她，她的班主任老师也委婉地跟我提过这个问题，说她与班里的几个男生走得有点近，让我跟她聊一聊。

我也和女儿谈过，她说他们之间只是单纯的好朋友关系，她认为男生比较大方，不会斤斤计较，和男生相处更加自在。而且，她平时与堂哥、表哥相处也是比较随意的。我愿意相信自己的女儿，但是她的行为让很多人误会，我该怎么引导女儿呢？

原因解读

少男少女在交往中比较聊得来，容易走得比较近，一般基于以下四个主要原因。其一，青春期的孩子由于性意识开始萌芽，开始关注异性是很正常、很普遍的现象，这也符合孩子的心理发育特点。其二，青春期的孩子喜欢和异性一起玩不仅是正常的，也是很有必要的，毕竟处于青春期的男生和女生在性格特点、思维和认知水平、语言发展、动手能力、感性和理性偏向、自我调节能力等方面存在差异,这些差异的客观存在本身也是一种吸引。男生和女生在交往时感觉能从异性身上学习到不同的东西,能取长补短,这让他们的视野更加开阔。正如信中这位妈妈所说的,女儿喜欢男生比较大方、不计较,这也是她可以向男生学习的地方。其三,家庭的关爱不够或缺失,可能导致孩子更倾向于与异性朋友走得更近。其四,孩子与异性交往的边界没有得到及时和科学的引导教育。

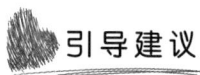 引导建议

第一,鼓励孩子与异性同学正常交往。

没有谁一生下来就掌握了与人交往的方法,孩子只有在交往中才能学习交往技巧。家长在理解和尊重孩子成长需求的基础上,应鼓励孩子进行正常的异性同学交往。正常的异性同学交往,可以使孩子的性格更为开朗、阳光,还能激发孩子内在的积极性和创造力,并且异性同学交往有助于孩子进行自我认识和自我完善。

第二,引导孩子进行异性同学交往。

家长选择合适的机会,主动真诚地与孩子沟通,在孩子愿意谈的时候,与孩子聊一聊男女生交往这个话题。比如可以谈谈孩子交往的真实感受和想法、交往中遇到的困惑或有趣的事、交往的尺度和方法等,并适时引导孩子不要陷入单一、狭隘的交往误区。这种平等和开放的谈话方式,可以引导孩子认真地思考这个问题,而这种思考刚好可以成为孩子成长的一个契机。

即便发现孩子有"早恋"的迹象,也不必过于紧张,要理解这种感情的发生,切忌采用各种办法去直接阻止,这容易导致心理学上所说的"罗密欧与朱丽叶效应"的发生,即家长越是阻止,孩子们就会走得越近、感情发展得越深,那么结果也就更难控制。面对孩子早恋,家长需要理性对待和科学引导,来激发孩子的内在动力,激励他们互相学习、互相促进,并要求他们交往

第二辑　读懂孩子是正确施爱的前提

时保持一定的距离。

第三，营造和谐、温暖、有爱的成长环境。

当孩子在一个缺乏关爱的家庭环境下成长时，他们更容易从家人以外的人身上寻找温暖，也更容易通过"恋爱"来补偿自己。因此，建议家长要努力营造温暖、和谐、安全的家庭氛围，平时多和孩子进行情感交流，多关注孩子的情绪变化，不要开口只谈学习、谈成绩、谈排名等。无论是成年人还是孩子，都希望自己的家是温暖、安全的港湾。也只有当孩子感到安全和被爱时，他们才能接受家长的意见和建议，家长的教育才能达到预期的效果。

第四，培养孩子的兴趣，拓宽孩子的视野。

根据孩子的实际情况，有意识地培养孩子的兴趣，同时利用假期，让孩子多参加一些夏令营和冬令营活动，特别是让孩子多出去走走、见见世面，拓宽孩子的视野。这样一来，孩子就不容易把自己的精力全部放在某个异性同学身上，而是根据自己的兴趣探索更多有趣的事情，过上更充实、更有意义的生活。

拓展读吧

春将去，秋会来，春花如此美好，却又如此短暂。少年的爱慕也是一样的，美好如春，短暂如春，仅仅是花开一场。青春期，人生发育的黄金阶段，孩子身心发展最大的特点是生理上的蓬勃发展和心理上的急剧变化。随着生理的发育成熟，青少年的性心理由"异性疏远期"发展到"异性接近期"，并逐渐向"两性恋爱期"发展。青春期男女同学之间因相互吸引而产生爱慕之情本是理所当然，自然而美好。但是，他们生理、心理尚未完全发育成熟，特别是他们的世界观、人生观、价值观还处于形成阶段，思想还不够成熟。因而，一些孩子不能很好地调节控制自己的心理需要，缺乏健康的异性交往心理，把异性吸引误认为爱情，过早地摘下了树上的那枚青果。

青少年的爱恋往往表现为朦胧性、单纯性、不稳定性，实际上通常会带来诸多的问题与矛盾，如亲子间的沟通问题、早恋与学业的矛盾、早恋与人际关系的矛盾。因此，我们要引导孩子正确认识自己感情的变化，要告诉他们什么是责任，帮助他们把注意力转移到学习上来；告诉他们在烦恼的时候可以多干自己喜欢的事，或与知心好友谈谈；还要帮助他们树立远大的理想或切实可行的近期目标，把时间和精力放在对人生目标的追求上；鼓励他们多交朋友，多参加集体活动，在活动中充实自己。

青春期的爱恋，犹如一颗青涩的果子，还需要经过风雨的洗礼，过早摘下它，只会让它失去应有的味道。爱恋那颗果子，让它在枝头挂久一点也许味道会更鲜美……

27. 孩子暗恋异性同学，怎么办

家长来信

女儿目前正读八年级，由于班级工作关系，与同班的一名男生接触较多，同学们戏称他们是"一对"。女儿开始觉得没那么回事，慢慢发现自己开始喜欢上他了。他的一举一动都会引起自己的注意，上课、下课总想多看他几眼，放学后脑子里他的形象也挥之不去，晚上做作业也时常发呆。女儿开始为此感到心烦意乱，不知该不该与他交往下去，我们父母也感觉有点棘手，不知如何引导？

原因解读

中学阶段的学生身心最大的特点表现在生理上的蓬勃发展和心理上的急剧变化。随着生理的发育和成熟，中学生的性心理已由"异性疏远期"发展到"异性接近期"，并逐渐向"两性恋爱期"发展。男女同学间不再像青春期初期（小学阶段、初中低年级阶段）那样界限分明和相互躲避，大多表现出一种接近异性的心理。他们开始精心修饰自己，注意自我形象。他们常用一种欣赏的眼光和友好的态度来对待异性同学的言谈和行为，自己也总想以各种方式引起异性同学的注意。一些容貌俊美，或在文体、学业等方面有特长的学生更易引起异性同学的注意。这种男女生之间彼此愿意接近、互相吸引的心理使青少年反映出青春萌动意识，是一种正常的生理和心理变化，也是青春期性心理发展必然要经历的阶段，所以青春期男女学生间以两性的自然吸引为基础而产生的爱慕之情是天经地义，自然而美好的。

但由于中学生生理、心理未完全发育成熟，心理的发展滞后于生理的发展。许多处于爱恋中的男女学生情绪不稳定，听课注意力不集中，学习受到严重干扰。由于对这种情感的懵懂无知，有的将朦胧的好感当作爱情萌发（而爱情是指经济独立、人格成熟的两个异性经过一段时间的交往，彼此有了深入的了解而建立起来的持久的亲密关系）；有的心理忐忑不安，敏感脆弱，加上怕遭到家长和老师的责备，不敢随便告诉别人，自身又缺乏处理和平衡这种情感的能力，从而背上严重的思想包袱，可能导致性格的改变；有的易冲动，自我控制能力差，过早地发生两性关系，造成身心受损……

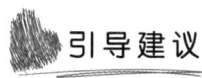

引导建议

第一，表示理解和尊重，客观看待"暗恋"的意义。

作为一名中学生，喜欢异性同学本身没有错，父母需要理解和尊重，同时可以在这个前提态度下及时与孩子开诚布公地共享其感受、想法或困惑，陪伴孩子去面对、去经历。生活中的一切"问题"都可能变成成长的契机，需要父母用心陪伴、耐心引导。

第二，鼓励孩子群体交往，丰富业余兴趣爱好。

建议孩子减少单独与某个特定的同学在一起的机会。事实上，经常与一位异性同学单独交往，就失去了了解其他异性同学的可能。鼓励孩子多参加一些集体活动，有机会接触不同的异性同学，真实、全面地了解他们的长处，这样有助于培养孩子以平常心看待异性同学。同时，引导孩子培养丰富的兴趣爱好，在活动中转移、分散对他（她）的过多关注，慢慢地可以改变"心烦意乱"的状态，从而逐渐找到"豁然开朗"的感觉。

第二辑 读懂孩子是正确施爱的前提

第三，引导孩子正确认识青春期的"好感"，并拒绝深交。

告诉孩子（用孩子身边的实例更好）青春期少男少女之间的好感是很容易变化的。很多学生有过类似的经历：随着交往的深入，时间的推移，原来有好感的男女生变得不那么可爱了，原来对方对自己很有吸引力的地方也感觉很平淡了。轻率地与一个没经过深入了解的人确立亲密关系，是不负责任的行为。而当这种原本就不稳定的情感发生变化时，会给双方带来麻烦和伤害。

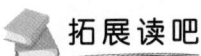 拓展读吧

南风效应

北风与南风比谁的力量更强大，谁能让行人把大衣先脱掉。北风越是猛吹，行人将衣服裹得越紧；南风充满温柔，轻轻吹拂，人们就热得敞开并脱掉大衣。

同样，当教育孩子时，大多数时候，温柔胜于严厉，宽容强于惩戒。一味批评孩子、对孩子过分严厉的父母，采用"棍棒""恐吓"之类的"北风"式教育方法，是不可取的，孩子会越来越不听父母的，教育效果会越来越差。而对孩子温和的父母，实行温情教育，多些"人情味"的表扬，像南风一样顺应、利用人的内在需要，启发孩子的自我反省、满足孩子的自我需要，培养孩子自觉向上，不用费太多劲，就能达到事半功倍的效果。

28. 孩子有"同性恋"倾向怎么办

家长来信

我的女儿进入初中前一切看上去还算蛮正常,完全是一个普通女孩子的装扮:喜欢梳着马尾辫,穿着背带裙。可是上了初中之后,她开始明显地走中性打扮:头发剪成了男孩子的发型,喜欢上身穿宽松的男款的衣服、下身穿牛仔裤、脚上蹬球鞋,基本不喜欢裙子等比较女性化的服装了。这些倒也没有让我觉得不妥。直到有一天,我鬼使神差地进到了她的社交软件,看到了她的一些聊天记录,吃惊地发现她有"同性恋"倾向,她好像正在和另一个女孩子有情感纠葛。我该怎样跟女儿提这个话题和交流性取向问题?又该如何去引导女儿走上正轨呢?

原因解读

孩子进入青春期后开始出现第二性征,男孩和女孩开始表现出比较明显的有区别化、性别化的活动和关系,但直到 21～22 岁,绝大多数人的性取向发展才会开始稳固下来。

按照 2001 年《中国精神障碍分类与诊断标准第三版(CCMD-3)》的规定,一个人如果只有同性性取向而没有其他精神症状的话,并不被视为"精神疾病"。

性取向难以靠主观意愿发生改变。性取向是"生理—心理—社会"综合作用的结果，与道德无关，与自主意志更无关。同性恋难以被强制性地改变成异性恋，就像我们也不能自由地把异性恋变成同性恋。

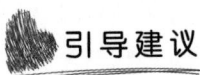

第一，不要轻易给孩子贴上"同性恋"的标签。

青春期的孩子表现出"同性恋"倾向时，不代表他们就是同性恋，很有可能是青春期的"依同"行为。虽然孩子目前出现了一些中性化的行为，甚至同性恋的倾向，但我们也不能轻易给孩子贴上"同性恋"的标签。因为他们还处于性取向、性意识不断变化发展的过程中。作为家长，要以更科学、客观的态度与孩子讨论同性恋，以便及时掌握孩子内心动态，也向孩子传递更多元的性取向观念。所以，没有必要早早地给孩子贴上"同性恋"的标签，孩子的将来有无限种可能，不要因为青春期的某些表现就对孩子的性取向过早下论断。

第二，及时调整自己的心态。

作为家长，我们之所以担心孩子是同性恋，往往是因为担心他们与社会主流文化格格不入，担心孩子遭受周围的歧视和外界的压力，希望孩子能像普通人一样过安稳、正常的生活。可是，如果我们的孩子最终就是同性恋，他们已经遭受了外界的歧视和重重压力，我们难道还要将孩子孤立起来，与其他人站在一边，去指责孩子、强迫孩子做自己做不到的改变吗？如果我们真的爱自己的孩子，即便他是同性恋又有什么关系呢？与其逼迫孩子改变，倒不如和孩子站在一边，一起减少外界对同性恋这个少数群体的不友善、不理解，让孩子感受到我们的爱，让孩子有足够的温暖和力量好好活下去。

第三，引导孩子发展积极的人格。

基于以上知识，我们知道，父母不能强行要求孩子改变自己的性取向

（他们也做不到），而是要在接纳和尊重孩子同性恋的性取向的同时，帮助孩子正确看待和接受自己的性取向，引导他们更好地发展自我接纳、社会适应等方面的能力，鼓励他们发展和拓宽未来的可能性。父母应该帮助孩子在幸福中长大，在长大的过程中学会幸福。

 拓展读吧

我们为什么要关注同性恋议题

有些人可能会想："同性恋是少数人的事，跟我没有关系，我为什么要关心？"事实上，同性恋议题不是少数人的事，而是关乎公民福祉的公共话题。对于同性恋人群来说，社会对于同性恋议题的正面关注，可促进科学信息的有效传播，消减对同性恋的偏见乃至仇恨，为同性恋者营造较为宽松的生存环境，增加同性恋者的社会可见度，降低同性恋者的自杀率，改善整个群体的精神面貌，并提高同性恋者的幸福指数等。对于全体公民来说，社会对于同性恋议题的正面关注，可促进社会的和谐和稳定，激发社会的多元活力，遏制疾病传播，并减少"同妻"或"同夫"（同性恋者的异性恋伴侣）现象造成的悲剧等。同性恋议题跟我们每个人都息息相关，不管我们自身的性取向如何，我们都需要支持一个多元化的社会，这个社会将保证少数人的权利得到应有的尊重，他们的声音不会因为人数上的劣势而湮没无闻，抑或受到质疑和责难。

第三辑

……科学引导是提升孩子学习效率的有效方法

各位爱孩子的家长朋友，如果你想孩子的学习成绩优异，首先要处理好与孩子的关系，让孩子喜欢你，亲近你，信任你。

身为家长，我们可能已经很久没有复习过当年熟记的那些学科知识，面对孩子的各种学习问题，我们似曾相识却又带着无可奈何的陌生……可不管怎样，我们多么期待自己孩子在学业上的优秀。

我们可能解一道小学奥数题都会被卡住，也难以拼出多年未曾用过的英语单词，但我们仍旧可以给孩子的学习一份有效的助力！

家长应该如何提升孩子的学习效率？

第一，"愉悦是生产力"。过大的压力、不良的情绪会导致人的注意力下降，严重影响学习效率。所以，家长要营造良好的家庭氛围，建立和谐家庭关系，让孩子保持愉悦心情。

第二，身体是学习的本钱。没有一个好的身体，再大的能耐也无法发挥。因而，再繁忙的学习，也不可忽视体育锻炼。家长要身体力行，带领孩子坚持体育锻炼。

第三，合理地认识自我，建立积极的学习观。一天到晚伏案苦读不是良策，应该合理地安排时间，养成良好的学习习惯，不断提高学习能力，提升学习效率。

方法总比问题多！更多方法，来看看第三辑的相关内容吧！

29. 如何帮助孩子应对"开学综合征"

家长来信

我的儿子读五年级了，我发现他的"开学综合征"越来越严重了。每次一到开学，儿子一开始就拖着，说不想去上学，我们做了好多工作，他才愿意去学校。他去了学校也比较消极，上课没精打采，做作业也比较拖拉，以前需要一个多星期才适应，然后慢慢地走上轨道。现在情况越来越糟糕，这学期开学都两个多星期了他还是不在状态。即使再过一段时间他调整过来了，我也担心之前的课他没有听好会影响后面的学习。每次一听到放假他就很开心，而我一听到放长假我就开始心里着急，因为我知道经过这次长假之后，等到再开学他又需要用很长一段时间来调适。这个问题困扰我很久了，想想他都快上初中了，我心里很是着急，真不知该如何帮助孩子应对"开学综合症"。

原因解读

"开学综合征"是开学季常见的一种现象。生理上多表现为失眠、嗜睡及一些查无原因的头晕、食欲不振等；心理上多表现为记忆力减退、厌学、焦虑、上课走神、理解力下降、情绪不稳定等。心理医生认为，这些表现都是人潜意识的心理防御机制将一些不愿意面对的、不认同的、被压抑的、不愉快的负性情绪转换成一些躯体症状而造成的，并会持续一段时间。

案例中导致孩子产生"开学综合征"的主要原因有以下几点。其一，学生们从自由松散的假期生活，突然回到严格有序的学校生活，心理上会有一个调适的过程，属正常的普遍现象。不少中小学老师反映，开学头几天的课尤其难上，学生迟到现象较多，并且注意力不集中，有的学生甚至打瞌睡，课堂的气氛难以调动，学习效果不好，老师们感觉特别累。其二，家长过分焦虑和担心，收心过急，适得其反。其三，家长缺少科学引导的方法和策略。其四，这也与孩子的心理素质有关，一般来说心理素质较差的学生，"开学综合征"的表现程度更明显、持续时间更长、带来的负面影响更大。

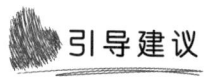

引导建议

第一，家长调节情绪，摆正心态。

现在从国家层面到每个家庭，对孩子的教育都越来越重视，从而出现部分家长过分关注孩子学习的情况。有些家长甚至在开学之初就会产生焦虑情绪，这种情绪自然会通过家长的语言、神情等传递给孩子，无形中给孩子带来精神压力，引起孩子对学校学习的反感或抵触，产生诸多负面影响。其实，学生出现"开学综合征"是正常现象，这不仅仅发生在孩子身上，家长和老师也会有。因此家长首先需要调节好自己的情绪，摆正心态，忌过度担心，要平静对待，以理解的心态，帮助孩子尽早进入正常的学习状态。

第二，家长陪伴孩子一起"收心"和"开学"。

家长要想帮助孩子早收心，需要从自身做起。比如，开学前一周左右，家长就可以按孩子所在学校的作息时间起居，家长不在家里进行社交娱乐活动；家里按时准备一日三餐，督促孩子按时睡觉、起床，调整生物钟，帮助他们建立有规律的作息时间，以适应开学后的作息要求。家长最好以身作则，和孩子一起遵守作息时间，严格要求自己，成为孩子的榜样。同时，家长可以陪伴孩子一起准备开学所需的学习用品，和孩子聊聊天，一起畅想一下新学期里有可能发生的有趣事情,让孩子带着期待的心情开启新的学期。

第三,和孩子一起制订学习目标。

家长找个恰当的时机,在孩子愿意的前提下,和孩子一起制订新学期的学习目标,让孩子从玩乐的假期中走出来,重新适应紧张有序的学习生活。这个目标要符合"SMART"原则:specific(明确的),即目标要具体;measurable(可测量的),指学习任务的完成情况要量化,还可以为孩子制作一个打卡表或积分榜,孩子每天任务完成情况要一目了然,有参考、有记录;attainable(可行的),指目标的难易程度要适中,不要让孩子一开始就产生畏难情绪;relevant(相关的),指目标的设置需要具有相关性,每个任务目标之前的内在逻辑要清晰;time-bound(有时限的),指不要一次性制订整个学期的计划,尽量把每个任务的时间缩短,比如一周内或一个月内要完成什么。

拓展读吧

"罗森塔尔效应"

美国心理学家罗森塔尔等人于1968年做过一个著名实验。他们到一所小学,从一至六年级中抽取部分学生煞有介事地进行"预测未来发展的测验",然后实验者将认为有"优异发展可能"的学生名单通知教师。其实,这个名单并不是根据测验结果确定的,而是随机抽取的。它是以"权威性的谎言"暗示教师,从而调动了教师对名单上的学生的某种期待心理。八个月以后,罗森塔尔重返这所小学来验证测试效果,又搞了一次智力测试,结果发现名单上的孩子的成绩普遍提高,教师也给了他们良好的品行评语。这就是著名的"罗森塔尔效应"。这个实验充分说明了积极期待与信任对孩子发展的意义与作用。

30. 如何帮助孩子设立有效的学习目标

家长来信

七年级刚开学的时候，儿子想买个智能手机，我和他爸爸觉得平时太惯着他，这次不想那么轻易就满足他，心想这是激励儿子努力学习的好机会，于是我们提出条件——月考成绩排在班级前10名，就给他买手机。儿子觉得太难了，经过一番商议，我们共同决定将目标调整为考到班级前15名。起初，儿子还有点儿劲头，每天一回来就进房学习。可过了几天，儿子学习不再那么积极了，每天写作业都磨磨蹭蹭的。渐渐地，不但课外练习册丢到一边，连老师布置的作业也不能好好完成。一个为了激励孩子学习的目标就此泡汤。其实儿子读小学的时候我们也会用一些玩具之类的东西作为奖励激励他，效果时好时坏。他自己也偶尔会给自己设置一些目标，但大部分都以中途放弃告终。问题到底出在哪里了呢？我真担心儿子以后变成没有目标、没有理想的人。

原因解读

目标对于一个人来说，是非常重要的学习动力。而很多家长经常给孩子制订一些目标却无法真正落实，其实这是因为目标的制订不够科学。

其一，目标设置不够清晰具体。如来信中家长提到的"考到班级前15名"这个目标，这个目标的达成其实受到很多不可控因素的影响。首先这个目标的达成需要和班上其他同学进行比较,如果其他同学也很努力,那么就很难确定自己是否能进入前 15 名了。其次,并不是努力学习了就一定会取得理想的成绩,好成绩还需要好的学习习惯、学习方法、学习心态等因素的加持。类似这种不可控的目标,会让孩子产生失控感和无力感,从而渐渐丧失实现目标的动力和信心。

其二,目标设置不符合孩子内心的需求和兴趣。如果我们给孩子设置的目标不是孩子发自内心想做的事情,那么目标再好,孩子也难以产生主观能动性去实现目标,支撑孩子行动的就只是实现目标的那个奖励。而随着孩子年龄增长,其经历、了解的事情增多,孩子对奖励的要求会越来越高,而对奖励的兴趣和需求会越来越低,那时候再指望用奖励的方式激励孩子就起不到很好的效果了。

其三,目标设置不切实际。如果一个学生在班上的成绩处于垫底的水平,父母却要求他考进班级前列,那么这个目标在短期内对这个学生来说就是一件不太可能完成的任务,这样会影响孩子的积极性和自信心。在朝着目标努力的过程中一直感受不到进步和成功,也会让孩子丧失继续努力的动力。

其四,目标设置缺乏灵活性。有时候在朝目标努力的过程中会出现一些突发状况影响到目标的进展,如果死板地只以结果为判断目标是否达成的依据,那一旦目标没有达成,就意味着之前的付出全都没有了意义,这会使孩子深受打击。而这种过于在意结果而忽视过程的做法,不利于孩子长远的成长和发展。

引导建议

第一,将大目标分解成一个个小任务。

当我们希望孩子的学习成绩能够有所突破的时候,我们不一定要以最终的成绩作为衡量的标准,可以将能够帮助学习成绩提高的事情作为小目标。比如约定每天默写 20 个英语单词，这种可以量化的、孩子努力坚持就能完成的目标，会更容易激发孩子的学习动力。而每完成一个小目标，我们都可以给孩子记 1 个积分，当积满 20 分的时候，就可以作为完成整体目标的判断依据，获得相应的奖励。这样，孩子即便由于特殊情况一两次没有完成小目标，但只要他继续坚持，就还是有可能达成终极目标的，这就能有效地防止孩子半途而废。

第二，让孩子积极参与制订目标。

设定目标归根结底还是孩子自己的事情，如果家长专断地为孩子确定目标，就失去了培养孩子目标管理能力的意义，也难以激发孩子内在的成长动力。但刚开始的时候，由于孩子缺乏建立合理目标的能力和行动力，需要有家长的引导和督促，因此家长和孩子共同建立目标也是非常必要的。在共同建立目标的过程中，父母要注意认真倾听孩子的想法，并适当地给出一些合理的建议，给予孩子一些正向的支持和鼓励。

第三，在实现目标的过程中及时讨论，适时调整目标。

当孩子在实现目标的过程中遇到问题，家长不要一味指责和批评。我们可以及时和孩子讨论为什么没有有效地执行计划，以及做怎样的调整可以让目标更好地达成。调整目标并不意味着说话不算数，而是我们选择把问题转化为一次成长的机遇，用更灵活的方式来应对遇到的问题并采取措施进行处理，让我们以更高效的方式达成目标。

拓展读吧

哈佛大学关于"目标"的实验

受访者有清晰且长期的目标：占总人数的 3%。这 3% 的人 25 年来一直为着目标努力，最后成为社会各界的顶尖成功人士，其中不乏行业领袖和社会精英。

受访者有清晰但短期的目标：占总人数的10%。这10%的人大都生活在社会的中上层。他们的短期目标不断被达成，生活状态稳步上升，成为各行各业的专业人士，比如医生、律师、工程师、企业高管等。

受访者有比较模糊的目标：占总人数的60%。这些人几乎生活在社会的中下层，能安稳地生活和工作，但是也并没有什么突出的成绩。

受访者基本没有目标：占总人数的27%。这些人几乎都生活在社会的最底层。他们常常失业，依靠社会救济度日，抱怨他人，仇恨社会。

目标能为我们指明方向和提供动力，即便有时我们需要对目标不断进行调整和优化，但那些为了实现目标而付出的努力也一定会有所回报。

31. 如何让孩子坚持自己的兴趣爱好

家长来信

我儿子今年9岁了，到目前为止学过吉他、篮球、足球、机器人、心算、书法，这些是正儿八经报过班的，还有滑板、轮滑、攀岩等零星爱好，基本上都是买了设备后就不了了之。同期学吉他的孩子都在市里比赛获奖拿名次了，他学了两期不愿再练。老师对他的评价是接受能力很强，就是坚持不了。老公对此也很无奈，问他是否喜欢，他说喜欢，可就是学不了几期就不想学了。我们不想逼他，但是很担心他连自己的兴趣都不能坚持，以后做其他事情也会半途而废。我们该怎么做才能让孩子专注坚持一个兴趣爱好呢？

原因解读

孩子天生好奇，对新鲜事物的探索欲望与生俱来。但他们的兴趣太广，变化太快，见一样爱一样，爱一样又扔一样。这种不稳定性是符合儿童心理发展规律的，也和蒙台梭利的敏感期理论相对应。这时候非要强逼孩子对兴趣"从一而终"是比较困难的事情。

心理学家安杰拉·达克沃思在TED大会演讲时指出：兴趣不是通过反思发现的，兴趣是通过和外部世界的互动引发的。

孩子喜欢做一件事情很有可能是因为内心的爱，但放弃一件事情则不一定因为不喜欢,这与家长的引导有很大的关系。也许孩子是在学习过程中遇到了困难,也许是缺乏满足感和成就感,也有可能是孩子发现了更感兴趣的事物。其中的具体原因,需要家长细心观察、耐心和孩子沟通才能发现。我们不要看孩子不能坚持自己的兴趣,就给他们贴上"三心二意""半途而废"的标签,这些消极评价会让孩子越发失去坚持的动力和信念。

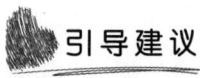
引导建议

第一,勿贪多求全,应慎重地选择一个兴趣班。

我们已经了解了孩子的大多数兴趣是来得快去得也快,因此为了让孩子对某个兴趣抱以认真、持久和珍惜的态度,我们需要在决定报某个兴趣班之前和孩子就这个兴趣好好沟通。我们需要让孩子知道,报了这个兴趣班之后他需要做哪些事(例如,需要学习什么知识,每天要练习多久,怎么维护和整理自己的用具等);我们还可以提前让孩子去试课,体验和感受上兴趣班的情况,在家里要做一些相关内容的预习;也可以告知孩子为报这个兴趣班家庭所需要付出的开销、时间和精力。这样一来,孩子对这个兴趣班的认识会更加全面和具体,态度自然会更明确和认真。

第二,陪伴孩子练习,为孩子喝彩。

再感兴趣的事情,要达到一定程度都需要进行大量的练习,这难免会让人觉得枯燥和乏味。如果父母能陪伴在孩子身边,给孩子加油鼓劲,这种陪伴的力量会支撑孩子坚持下去。此外,家长的肯定和认同也会激发孩子的胜任感,从而产生坚持的内在驱动。

第三,多倾听、多沟通,尊重孩子的选择。

如果孩子最终还是选择放弃自己的兴趣,那就好好听一听孩子是怎么说的。无论如何,请尊重孩子的选择。毕竟,孩子需要为自己的人生做出选择,

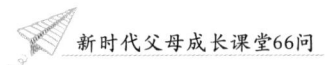

这是培养孩子自主意识的好机会。孩子尝试过、体验过，才能知道自己更喜欢和更适合什么，体验的过程也是很重要的。

根据"兴趣金字塔"，我们可以将兴趣分为3个级别：感官兴趣、自觉兴趣和潜在兴趣（志趣）。

感官兴趣是通过直观的感官刺激产生的兴趣。自觉兴趣是认知行为参与的兴趣。大部分科学和艺术都是自觉兴趣的成果。兴趣推动学习，学习带来行动，行动中发展出能力，而能力又催生出更大的兴趣。志趣的秘密不仅在于感官的认知和能力的提升，还加入了更深一层的内在动力——志向与价值观。

知之者不如好之者，好之者不如乐之者，乐之者不如志之者。我们的时间和精力是有限和宝贵的，但面对的机会和可能性却很多，而志趣让我们可以坚定地专心从事某些事情。

志趣不仅仅是兴趣，那是我们把感官兴趣通过学习变成能力，通过能力寻找平台获得价值，在众多价值中找到自己最有力量的一种生涯的管理技术。志趣是一个人在不确定的命运中能跳出的最坚定的舞步。

——节选自古典《你的生命有什么可能》，有改动

32. 孩子总是说得好却做不到,怎么办

家长来信

为了培养孩子的兴趣爱好,我给五年级的儿子报了不少兴趣班,可坚持下来的却寥寥无几。每次孩子都答应得好好的,可接触一段时间后觉得无聊或者一旦犯错、遇到困难就不想去了。最近给他报了围棋班,事先也约定好一定要坚持,不求精通,但要学会,这才一个星期,孩子又故技重演,找出各种理由不去上课。哎,每次沟通时都说得好听,但后来又做不到。该如何引导孩子做事要有始有终呢?

原因解读

做事三分钟热度,虎头蛇尾,不少成人也有这样的毛病。网络上有句话叫"间歇性奋进,持续性低落",就很好地描述了这种状态。

孩子说到做不到的原因是多方面的。其一,缺乏挫折教育,抗挫能力较差。当孩子对一件事物感兴趣时,会投以极大的热情,但在学习过程中又可能因为枯燥乏味、能力不足而兴趣减弱、无法坚持。其二,自我管理能力不足,不能有效安排自己的学习生活。这是小学阶段的孩子普遍存在的一种问题,需要家长的正确引导和帮助。

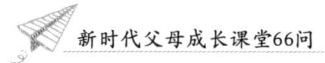
引导建议

第一,家长保持平和心态,关注结果的同时更要注重过程。

成人总习惯以成人的眼光来衡量孩子的行为,家长尤其如此。"这么简单的事情,你为什么就是做不好?""才坚持了几分钟,怎么就画不下去了?"家长过于关注行为的结果,对孩子有太多的不理解。孩子的成长是一个过程,需要经历这样或那样的事情,不断地总结和反省。

家长会期待孩子说到就能做到,总是希望看到好的结果,但好的结果需要付出艰苦的努力。如果我们看到好结果就表扬和奖励孩子,一旦结果不好就接受不了,表现出愤怒、急躁和不耐烦的情绪,这样反而会强化孩子"我就是如此糟糕"的想法。

过程不可超越,经验无法替代。家长的经验代替不了孩子的成长,所以家长的心态一定要平和,要理解和包容孩子。

第二,家长要学会正向推动、指导孩子,而不是被动教育、指责孩子。

现在很多家庭中有这样一种现象:每天从早上起床开始,孩子总是在父母的催促和监督中进行一天的学习和生活,父母生怕出一点纰漏,更怕孩子犯错惹麻烦。很多过度呵护孩子的家长,不了解孩子需要在逆境中学习、从失败中成长,唯有如此,孩子的抗挫折能力才能增强,才能真正成长、成才。

很多时候,孩子犯错误并没有那么可怕,关键是如何面对错误。对于孩子来说,重点是在他们犯错以后,父母如何去陪伴和引导。孩子犯错后,家长的指责会损害孩子"探险"的再次尝试,家长需要变指责为指导,让孩子获得从错误中走出来的能力。同时,家长要放开约束,不怕孩子惹麻烦,孩子遇到困难需要帮助时,家长别忘了拉孩子一把,孩子就能有勇气和信心继续坚持下去。

第三，锻炼孩子的意志力，让孩子多经历一些小磨难。

习得一项技能或坚持完成一件事，是需要很强的意志力的。意志力是需要锻炼的，家长平时可以带孩子多去参加一些有挑战性的活动，如鼓励孩子多参加体育锻炼，一起去登山、烈日行走、雪地探索等，这些活动都能很好地锻炼孩子的意志力。

第四，合理规划，对孩子坚持做到的事给予及时鼓励。

孩子很容易一时兴起地开始做一件事，实际做起来却力不从心，这时候需要家长帮助孩子合理规划，分析利弊，保证实践的切实可行。同时，家长要以身作则，自己要说到做到，不随意答应孩子，不随意违反事先约定好的事，对孩子已经做到和做好的事给予及时鼓励，让孩子保持快乐的情绪和坚定的信心。

斯宾塞曾说过：教育应该是快乐的，当一个孩子处于不快乐的情绪中时，他的智力和潜能就会大大降低。呵斥和指责不会带来好的结果。教育的目的就是让孩子成为一个快乐的人，因此教育的方法也应该是充满快乐的。

拓展读吧

日本妈妈的育儿经——说到做到

出生于日本大阪一个律师家庭的节子在留学时和她的加拿大丈夫罗伯特结识，毕业后结婚定居加拿大。身材瘦小的节子和罗伯特有两个儿子，大儿子太一7岁，小儿子信彦5岁。和传统的日本太太一样，节子婚后选择做全职主妇，每天任劳任怨地操持着两个孩子的教育和家务事。

由于老公和我都有留学日本的经历，所以我们多次邀请节子带她的两个孩子来我家玩。节子的大儿子太一非常喜欢我儿子。每次太一来我家时，儿子也真像个大哥哥似的，和他分享自己的玩具，并给太一介绍了"乐高"这一建筑玩具。多年来，儿子收集了很多乐高玩具。看到儿子搭出各式的模型，太一一下子爱上了乐高玩具，也非常羡慕儿子的收藏。

此后每每在路上碰到我或者儿子，太一总要求来我们家和儿子一起搭乐高。由于平时大家都很忙，太一的愿望一年多了也没有实现，我和儿子都觉得有点过意不去。上星期，儿子终于拿起电话邀请节子带太一这个星期六下午1点来我们家玩，电话中节子告诉我们，喜出望外的太一经常盼着来我们家玩的那一天。

星期六一早，儿子整理好他的乐高作品，望眼欲穿地等着太一的到来。好不容易到了下午1点听到门铃声，儿子马上冲过去开门，却只看见节子和她的小儿子信彦。儿子马上问道："太一呢?"节子告诉我们：午饭的时候，由于太一看到节子做的三明治不合他的胃口，就借口肚子不饿，不愿意吃。节子告诉太一：如果想要出去玩的话，一定要吃完三明治，否则就不能出去。倔强的太一不听妈妈的话，坐在餐桌前大哭，但就是拒绝吃完三明治。节子告诉我们，她静静地等了20分钟，差不多下午1点时，太一还是只管哭，不肯吃。于是节子就留下太一，只带着信彦来我家了。

看到儿子为太一准备的乐高，节子连连告诉我：她为太一失去和我儿子玩的机会而感到惋惜。但是，节子告诉我，要让孩子以后不能对她说过的话置若罔闻，那么她必须做到言必信，行必果。如果她不坚持原则，一时心软带太一来了，以后就有可能被太一摆布。当孩子一旦发现父母是会食言的，他也就不再认真对待父母的话了。

是呀，如果父母拒绝孩子的要求，就一定要绝对贯彻，不能半途而废，自己食言。而要求孩子做到的事情，如果孩子没有做到，父母不能不了了之，必须让孩子尝到不遵守父母要求的"结果"。

33. 孩子厌恶学习，怎么办

家长来信

我儿子上八年级以来，随着学习难度的加大、科目的增多，成绩慢慢地被同班同学甩到了后面。老师也反映儿子对学习越来越没兴趣：上课时注意力很难集中，表现出懒洋洋的样子，有时闷着头抠指甲，有时找本小说看，有时还趴在课桌上睡觉；晚自习时坐在座位上也心不在焉，不知在想些啥；作业基本上是应付，选择题、填空题不思考，一个选项填写到底，应用题什么的更是一顿乱做，随便写几个字，常常答非所问……其实儿子以前根本不是这个样子，读小学时我们基本不用操心他学习，老师很少跟我们反映儿子在学校有什么不良表现。可现在儿子却到了如此厌学的地步，我们父母看在眼里、急在心上，不知从何着手去帮助他。

原因解读

厌学是对学习产生厌恶、反感或无所谓的心理倾向，学生一旦有了厌学情绪，就会对学习不感兴趣，甚至抵触学习，对"逼迫"自己学习的老师和家长易产生逆反心理；同时，空虚、无聊、孤独的情绪也会萦绕着他们。

冬冬产生厌学情绪的原因是多方面的：其一，孩子可能缺少内在的学习动力，不知道是为了什么而学习，也不明白学习的意义；其二，孩子可能缺少吃苦的精神和克服困难的毅力；其三，父母对孩子的要求和期望过高，只关注孩子的考试成绩和班级排名，开口就是"读书""作业""学习"这些词，很少顾及孩子的兴趣爱好、娱乐休息和身心健康等方面，导致孩子产生厌学心理；其四，可能孩子还没有找到适合自己的学习方法，总是经历失败，似乎进入了习得性无助的旋涡，于是自暴自弃、破罐子破摔。

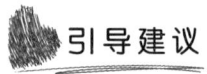

引导建议

第一，倾听孩子真实想法和需求。

父母找机会以朋友的身份心平气和地听听孩子目前内心真实的想法和需求，尽量去理解他的感受，多了解、少评价，并向孩子真诚表达父母会积极协助、陪伴其共同面对困难和挫折，并相信他会越来越好，以及诸如此类的有温度的支持。

第二，采用"优势发挥法"促成快感单元的形成。

优势发挥法，即把自己较好学科的优势最大限度地发挥出来。学生不管多么厌学，总有一两门学得比较好或比较有兴趣的学科。建议孩子先把自己相对喜欢的学科补好，让自己的大脑里产生快感单元，从而建立自信和兴趣，然后用这自信和兴趣去带动其他学科的学习劲头，产生其他学科的快感单元，以达到提高整体学习的兴趣。不要老是去补最差的学科，因为最差的学科学习兴趣最少，难度最大，产生快感单元也最难，补来补去总也补不好，自信心也会受损。

第三，制订适当的学习计划和目标。

父母根据孩子目前的实际情况，和孩子共同协商、制订出适合孩子的学习计划和目标。什么才是适当的计划和目标呢？就是孩子跳一跳就能摘到的"苹果"。计划和目标定难了、定高了，变成孩子怎么跳也摘不到"苹果"，孩子就容易不去尝试跳了，从而使学习的自信心和积极性受到打击；计划和目标定易了、定低了，不需要跳，一伸手就能摘到"苹果"，他就容易没有学习的动力，也就没有成长和超越。由此可见，目标适当十分重要，制订学习计划和目标时要循序渐进，从小到大、由易及难，不能急于求成。同时计划和目标要具有可操作性，父母前期特别需要关注孩子完成目标的情况，督促孩子做到坚持。

第四，给予学习方法和策略的指导。

我们都知道，方法正确则会事半功倍，关于学习上、学科上具体方法和策略的指导，如果父母本人无法给予，可以寻求专业老师的帮助。

第五，培养和激发孩子内在的学习动机和兴趣。

这既是个漫长而艰难的过程，又是解决问题的核心所在。父母需要在态度上、时间上、方法上实实在在地去学习、去尝试，努力找到一些可以培养和激发孩子内在学习动机和兴趣的方法。比如，父母加强学习，提升自己的家教素养；引导孩子参加开发潜能、激活学习兴趣和动机的课外活动；平时多带孩子去参观博物馆、艺术馆和科技馆；等等。

 拓展读吧

听课"五到"法

听课是学习的中心环节。家长务必提醒孩子，紧紧抓住课堂时间，心到、眼到、耳到、口到、手到，掌握本节课的基础知识和基本技能。其中，心到就是集中精力，积极思考，紧跟老师设计的教学思路。眼到就是按照教学步骤认真看教材、看黑板、看电子屏幕，不要东张西望，不要看走廊和窗外的风景。耳到就是静心听老师的讲授、同学的问答和讨论时别的同学的发言。口到就是默念时不存杂念，朗读时声音洪亮，单独读时大胆开口，集体读时不做"南郭先生"。手到就是随时顺手画出教材中的重点，写下老师讲授的而教材上没有的重要内容，认真做好课堂书面练习。课堂上，做好心、眼、耳、口、手的"五到"，何愁听不好课？

34. 孩子有偏科现象，怎么办

家长来信

我女儿上七年级，已经出现了严重的偏科现象。其实在她小学的时候，我就发现了她语文成绩总是没有数学好，但当时没怎么在意，想着语文方面主要靠慢慢累积，拉分也不大，就没怎么特别管。

现在上七年级，问题严重了，平时考试数学可以考将近满分，但语文却刚刚及格。有时老师找我们谈话，希望我们能够督促她做一些背诵、记忆来打好基础，我们也尽量抽时间督促，但她看一会语文书就说头疼。上补习班专门补习语文大半年了，还没有一点起色，这可怎么办呢？

原因解读

偏科是一种常见的学习现象。常常会有家长反映这一问题：有的孩子数学很好，但外语、语文成绩不理想；有的孩子酷爱文科，但是理科又常常拖后腿。

这种只重视喜欢或擅长的某些学科而忽视另外一些学科，致使被忽视的学科成绩很差、学科之间学习成绩不平衡的情况并不少见。这种情况若得不到及时有效的控制，将会影响到孩子的后续学习。那为什么会发生偏科现象呢？其一，与孩子自身的兴趣取向有关。兴趣是孩子不断学习的动力，只有喜欢才会持续地努力，学习起来才会更加认真。比如，孩子天生对语言的感知能力较强，喜欢学习语文，他便会拿更多的时间去读书、写作，因此对其他学科的学习就没有那么多精力和兴趣了。久而久之，强的学科更强，弱的学科更弱了。其二，家庭文化氛围的引导。孩子的学习跟家长的文化素养有着千丝万缕的联系，家庭的文化氛围深刻地影响着孩子的兴趣选择。有的家长是搞计算机的，他的孩子可能从小对计算机产生兴趣，对数字和网络情有独钟；有的家长爱好文学，孩子便从小耳濡目染，长大后也喜欢读书和写作……其三，受老师教学风格的影响。虽然孩子偏科受自身因素影响较大，但毕竟大部分知识的学习和习惯的养成是在学校完成的。很多家长都知道，孩子上课是"认"老师的。有的孩子非常喜欢某一位老师的教学风格，上课的时候就认真听讲，这一学科的成绩也自然很好；如果孩子不喜欢某一位老师或者某位老师的教学风格，他很可能对这位老师教的课产生厌恶感，因此这一学科的成绩也越来越差。

引导建议

第一，了解孩子偏科的原因。

偏科现象是常见的问题，总体而言，与孩子的个体兴趣、学习成熟度和教师影响有关。但每个孩子偏科的原因都会有个体的差异，家长在发现孩子偏科问题后，一定要先和孩子沟通，协助孩子对现状进行分析，找到偏科背后的原因，再对症下药。

第二，引导孩子形成迁移强势学科的学习方法。

有的家长喜欢口头鼓励孩子全面发展，用强势学科来帮助孩子树立信心。这种思路其实很好，可以让孩子知道偏科只是暂时的，每一学科都有难点，但也有突破点。

但在具体实践中要避免泛泛而谈，应该和孩子对强势学科的学习方法进行具体分析，例如如何树立小目标并一步步达成，如何发现自己在该学科的不足，如何突破该学科的学习瓶颈等。学习方法都是共通的，好的学习方法迁移过来，能让孩子看到自己在弱势科目取得进步的途径，找到学科的信心。

第三，不给孩子灌输对待学习的负能量。

有的家长自以为是"过来人"，就跟孩子讲授自己的相关学习"经验"："哎呀，数学太难了，尤其是几何，我当年就怎么都学不会。""我最不喜欢写作文了，语文老是考不及格……"

家长们一定记住，无论什么情况下都不能给孩子灌输负能量，否则这种负面影响就真的会"遗传"了。要学会积极正向地鼓励孩子战胜弱科，努力和孩子一起探索，让学习变得有趣。

第四，消除孩子对老师的个人看法。

孩子天生单纯、直接，喜欢就是喜欢，不喜欢也不会伪装。对基于老师的原因导致的偏科，家长要引起重视。如果确实是老师的原因，可以跟老师私下沟通，但是不能在孩子面前贬低老师。如果是孩子个人不喜欢该科的老师，则应该跟孩子好好谈谈。要告诉孩子学习不是给老师学的，更不能因为不喜欢某个老师就不认真学习这门课程。因为个人情绪而厌恶某一学科，甚至放弃学习，是非常愚蠢和不理智的行为。要让孩子积极地和老师沟通，说出自己的想法，接受老师的纠正和帮助。同时，要告诉孩子：老师是所有同学的老师，不能只顾及某一个学生的感受。

 拓展读吧

木桶效应

木桶定律探讨的是一只水桶能装多少水取决于哪块木板。对此延伸出来两种回答：一是最短的木板，二是最长的木板。

一只木桶能盛多少水，取决于最短的那块木板，这就是所谓的"短板效

应"。要想盛满水，必须每块木板都一样平齐且无破损，如果这只桶的木板中有一块不齐或者某块木板下面有破洞，这只桶就无法盛满水。

"长板效应"则认为，一只木桶能盛多少水，不取决于最短的那块木板而取决于最长的那块。当最长的木板无限延伸时，倾斜的木桶仍然可以盛放很多水。

那么，孩子的学科发展适用于哪种效应呢？在小学和初中的基础教育阶段，我们认为一定是短板效应。因为基础教育阶段的学习，不仅仅是在塑造孩子的每块"木板"，更是在建立"木桶的底座"，如果偏科，就不仅仅是如同短板影响整体盛水量，更像不稳的地基为其上层建筑带来安全隐患一样，对学生成长造成负面影响。

因此，每一名学生都应思考一下自己的"短板"，并尽早补足它。

35. 孩子缺乏学习主动性，怎么办

📧 **家长来信**

我在外地打工，老婆在老家带孩子。儿子从小就比较调皮，一直是我老婆和我妈一起带。可能是妈妈和奶奶对他很溺爱，所以孩子不太服管教。因为离家远，回家一次开销也比较大，我一般是每三个月回去一次，每次待上一个星期左右，平时和孩子很少交流学习。孩子学习就好像是给我们学似的，一点都不积极主动，我们的督促也完全不起作用。作为父母，我们该怎么去帮助孩子提高学习的主动性呢？

✏️ **原因解读**

造成孩子缺乏学习主动性的一般原因包括孩子情绪不良、学习方法不佳、学习能力不够或内在动力不足等，这往往是其中多种因素叠加产生的结果。

当一个孩子经常处于不开心、无聊落寞、萎靡不振等低能量情绪状态下时，就很难激活自身潜能，拥有高效的学习效率和战胜困难的斗志；当孩子的学习方法不对时，往往会事倍功半，效果不佳；当孩子的学习能力不足、学习上产生困难时，在学习中找不到自我价值感，无法赢得父母、老师和同学的赏识；当孩子的学习内部动力不足、没有学习兴趣、缺乏学习目标或目标不清晰，主要靠外在监督提醒来学习时，就很难体验到学习的快乐和成功带来的价

值感，取而代之的是学习的挫败感，慢慢地就会丧失学习的主动性。

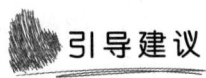 引导建议

第一，营造宽松愉悦的家庭氛围。

家是心灵的港湾，家也是孩子前进路上的"加油站"。宽松愉悦的家庭氛围有助于孩子释放不良情绪、及时清理情绪垃圾，同时也会给到孩子安心、安定和安全感，从而给成长中的孩子源源不断的力量和勇气去面对并战胜前进路上的困难，包括学习方面的挑战。因此建议父母在生活中，结合自家的实际情况，尽量满足孩子身心发展的合理需求，把孩子当作平等的个体来看待和尊重。当孩子拥有开心、饱满的积极情绪时，学习效率也会逐渐提高，学习效果也会显现出来。

第二，积极关注孩子，提供及时的引导和帮助。

每个孩子都希望得到父母的积极关注，父母的积极关注就似孩子生命里的阳光雨露。男孩子到了青春期特别需要父亲的重视，同时需要男性的榜样。父亲可以多与孩子交流，多陪伴和参与孩子的成长。首先，父母需要多关心孩子的情绪，多聊聊孩子感兴趣的事情，少谈论学习。到寒暑假可以陪孩子多去图书馆、美术馆、科技馆等地，帮助孩子开拓视野、提高综合素养，这样既可以改善亲子关系，又可以培养孩子的学习兴趣。另外，如果发现孩子在学习方法或学习能力方面确实需要帮助，父母也可以向专业老师借力，寻求他们的及时帮助。

第三，多赏识和赞美孩子。

赏识是孩子成长的催化剂。家长要学会用放大镜、显微镜寻找孩子学习上的微小进步，然后真诚地给予赏识、鼓励和赞美。只要孩子哪一学科或哪一方面有了点滴进步，家长就不要吝啬表扬。即使孩子暂时没有进步，甚至退步

了，也不要一味批评指责，而要体贴安慰、耐心开导、真诚鼓励。

第四，播种下梦想的种子，悉心呵护孩子成长。

无论在工作、学习还是生活上，只有心中怀揣目标或梦想，我们才能激发内心源源不断的热情和力量，去迎接前进路上的大小挑战，去面对各种挫折，去扫除层层障碍。当下孩子大多处于衣食无忧的优越环境中，生活和学习上缺乏动力和紧迫感，对自身的梦想和目标没有清晰的认识，所以建议父母先做一个生活和工作上有目标或梦想的人，然后常和孩子分享自己的梦想，并让孩子看到自己为此所付出的实实在在的行动，从而影响和带动孩子，为孩子播下梦想的种子并呵护孩子成长。

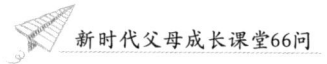

拓展读吧

作为一位家喻户晓的数学家，陈景润对"哥德巴赫猜想"研究做出了重大贡献，创立了著名的"陈氏定理"。

1948年，勤奋的陈景润进入福州英华中学读书。中华人民共和国成立前夕，英华中学的校友、留英博士、清华大学航空系主任沈元教授受聘为华英中学的数学、物理、英语教师兼一个班的班主任，陈景润就是这个班上的学生。有一次，沈元教授在课堂上讲到了"哥德巴赫猜想"，这深深地吸引了陈景润。陈景润对这个奇妙问题产生了浓厚的兴趣，并孜孜不倦地开启了求索之路。

兴趣是最好的老师。正是出于对数学的强烈兴趣，陈景润一步一步攀登科学高峰，成为了一位伟大的数学家。

第三辑 科学引导是提升孩子学习效率的有效方法

36. 孩子做作业磨蹭，怎么办

家长来信

我有一个聪明可爱的儿子，在读七年级。我性子比较急躁，做事风风火火，他爸爸性格沉稳，做事速度一般。儿子平时做事比较慢，更加难以忍受的就是做作业磨蹭。有时候一道题要做很久，我在旁边看得都快急死了，他倒是淡定：一会儿喝点水，一会儿上个厕所，有时候还在悠闲地转笔。学校布置的常规作业要写到晚上 11 点多，有时实在太晚，只好作业没做完也让他睡了。现在他上七年级，考试基本能做完所有题目，但是我很担心随着学习难度和学业压力的增大，按孩子现在的速度，不到九年级，正常的作业和考试估计都没办法完成。我和他说了很多次不要磨蹭，但是都没有用。最开始我在旁边监督时会好一点，现在我坐在旁边监督也效果不大，他说他在思考，但是我觉得他就是在发呆磨蹭……真不知道该怎么办？

原因解读

孩子做作业磨蹭与多方面的原因有关。其一，与孩子的个性有关。可能孩子的天生气质类型就是倾向于认真细致的思考，做事较为谨慎，要三思而后行。胆汁质的人热情、直爽，精力旺盛，脾气急躁，心境变化剧烈，易动感情，具有外倾性。多血质的人活泼、好动，敏感，反应迅速，喜欢与人交往，

137

注意力容易转移，兴趣和情感易变换等。黏液质的人平静，善于克制忍让，生活有规律，不为无关事情分心，埋头苦干，有耐久力，态度持重，外部动作少而缓慢。抑郁质的人产生稳定的情感很慢，但对情感的体验深刻、有力、持久，而且具有高度的情绪易感性。其二，与孩子的学习习惯、学习动力、学习能力及信心有关。如果孩子没有养成良好的做作业习惯、学习没有动力、学习基础比较薄弱和对学习没有信心等，都有可能导致孩子做作业磨蹭。其三，与家长的教育方式有关。比如说性格急躁的父母很容易养出有磨蹭性格特点的孩子，孩子的潜意识里在用磨蹭的行为对抗家长不科学、不合理的教育方式，以达到自我防御的目的。

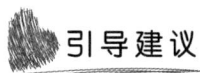

引导建议

第一，接纳孩子的天生气质。

气质类型是天生的，各有其特点，没有好坏之分。信中孩子的气质类型可能就是做事比较缓慢的那种。孩子做事缓慢，同时也意味着做事比较谨慎，不会莽撞冲动。父母要看到孩子天生气质类型中的优势。即使有些方面是需要提高和改进的，也需要家长先接纳孩子的先天气质特点和现状，再调整教育的方式，特别是急躁的母亲要缓下来、静下来，只有这样，家长才会有一个好的心态来实施有效的教育。

第二，培养良好的学习习惯。

培养良好的学习习惯需要从小开始，更需要从细微处着手。现在一边要矫正孩子不良的学习习惯，一边要着手建立良好的学习习惯。在这一过程中，家长一定要有科学的态度和方法。建议家长在尊重孩子的基础上，让孩子参与进来，孩子自己提出一些想法，家长参与协商，一起做出决定。让孩子在习惯养成和矫正中强化自主意识，自己决定养成哪些好习惯，改正那些坏习惯，自己决定采用哪些方法。当然，家长的引导和帮助是完全必要的。父母在给孩子提要求的时候,或者在决定某件事情的时候,要问问孩子:"我这样做你能接受吗?""你有什么样的想法?"明确了规范后,需要持久的训练,而这一过程也不会一帆风顺,家长需要适当地提醒督促、及时地分析评估、适时地引导协助。家长还要及时地对孩子的点滴进步进行有效的鼓励和表扬,以此来增强学习动力,提高学习自信心,切忌开始时要求过高、操之过急。总之一句话:培养好习惯,用"加法";改正坏习惯,用"减法"。

第三,营造正向积极的家庭成长环境。

孩子的习惯几乎都是后天从环境中习得,而家庭环境又是所有环境中对孩子影响最大的,所以家庭需要营造适合学习的氛围,比如放松的、安静的、整洁的、充满着书香味的环境。另外,良好习惯的养成要成年人做出表率,所以家长的言行举止显得尤为重要。比如孩子学习时,家长是在安静地做做家务或看书学习,还是在兴致盎然地"煲电话粥"或看电视等,这些都是需要注意的。另外,家长希望孩子能好好学习,还需给孩子一个宽松的心理环境。也就是说,只要孩子尽到应有的努力就行了,父母不要给孩子太大的心理压力。其实孩子的学习态度、学习习惯、学习兴趣比分数都重要。有远见的父母都不会太在意孩子偶尔一次的得失,而是鼓励他去发展自己的兴趣爱好,这将更有利于把孩子培养成为一个长期奋斗、不懈努力并朝着自己理想目标不断前进的青少年。

拓展读吧

牵一只蜗牛去散步

上帝给我一个任务——牵一只蜗牛去散步。我不能走太快,蜗牛已经在尽力爬,可为何每次它总只是前进那么一点点?我催它,我唬它,我责备它,蜗牛用抱歉的眼光看着我,彷佛在说:"人家已经尽力了!"我拉它,我扯它,甚至想踢它。蜗牛受了伤，它流着汗，喘着气，艰辛但仍旧缓慢地往前爬……真奇怪，为什么上帝叫我牵一只蜗牛去散步？

我开始让蜗牛自由往前爬，自己在后面生闷气。咦？我闻到花香，原来这边还有个花园。我感到微风，原来夜里的微风这么温柔。慢着！我听到鸟叫，我听到虫鸣。我看到满天的星斗多亮丽！咦？我以前怎么没有这般细腻的体会？我忽然想起来了，莫非我错了？原来是上帝叫一只蜗牛牵我去散步。

37. 孩子不喜欢做作业，怎么办

家长来信

我每天最痛苦的事情不是上班，而是下班后陪孩子做作业。网上流传一句话："不写作业母慈子孝，一写作业鸡飞狗跳！"真的就是我跟我孩子的真实写照。

平常我和他的关系还处得不错，但是一写作业尤其是语文作业，我就要抓狂。他老跟我抱怨作业没意思，不想做。他写个作业磨磨蹭蹭，一会儿要看手机，一会儿要喝水，我在旁边看得都心跳加速，气不打一处来。我跟别的家长交流，好像别家的孩子也会这样子。现在觉得孩子的作业成了家长的事情，撒手不管不行，管也没效果，我不知道该怎么办才好。

原因解读

"作业做完了吗？"这几乎成为每位家长下班回到家里的第一句话。然而爱玩是每个孩子的天性，没有一个孩子天生是喜欢做作业的，家长严厉的督促和指责反而会让孩子更加厌烦做作业。他们嘴上不说，但行动上磨磨蹭蹭，望子成龙的家长看在眼里、急在心里、怒在口里，家庭关系变得更加紧张，问题非但没有解决，反而增添了更多烦恼。面对孩子不愿意做作业的状况，在进行督促之前我们需要就原因进行分析。

孩子觉得做作业没有意思主要有以下几方面原因。其一，缺乏学习的动机和自觉性。孩子天生就喜欢探索新事物，很少有孩子天生对学习不感兴趣，但是在学习过程中，因为受家庭教育和学校教育"重学习结果，轻学习过程"的价值取向影响，学生会越来越觉得学习不是为了自己，而是为了老师表扬、家长高兴。有的父母在孩子入学之初就以各种奖励来激励孩子学习，短时间内见效快，但长此以往，孩子学习的内部动机容易被追求奖励的外部动机所替代。其二，没有养成良好的学习习惯。比如有的孩子在做作业之前一定要先吃东西，书桌旁摆着手机或纷乱的书籍、零食等；有的孩子做作业不专心，左顾右盼，做作业完全没有安排和规划。这都是学习习惯的问题，需要进行引导和纠正。其三，学习上时有挫败感，产生习得性无助。由于学习基础不佳等问题，孩子学习跟不上进度，则很容易产生无助心理，觉得自己无论怎么努力都不能弄懂，由此自暴自弃。其四，作业难度过低，无法引起学习兴趣。对一些学有余力的孩子，学校统一布置的作业过于简单，反而感觉"吃不饱"，他们则需要老师分层布置作业，满足其发展需求。

引导建议

美国《华盛顿邮报》的网站曾刊登《避免和家庭作业较劲的十种方法》，或许可以给我们提供一些启示。现摘录几种方法如下。

第一，形成固定作息时间，克服不良习惯。

营造一个干净整洁、设施完备的学习空间，制订一个能坚持下去的作息时间表。当孩子一会儿玩手机、一会儿学习，或者玩游戏玩到很晚才开始写作业时，家长要及时制止这些坏习惯。

第二，休息时要活动一下筋骨。

为了提高孩子学习的专注力，父母可以让孩子在做作业前去散会儿步，进行短时间的体育活动，比如骑自行车或者打会儿篮球。

第三,让作业变得有趣。

家长可以带孩子进行户外探险,或者把作业与体育活动、流行事物、当前事件联系起来,从而让做作业变得更有趣。

第四,树立行为榜样,增强毅力。

父母可以让孩子说出他们崇拜的人,不管是职业运动员还是文学作家。当孩子无法坚持认真完成作业时,问问他们如果是自己的行为榜样,他们将会怎样做,从而发挥榜样的激励作用,不断增强其毅力。

第五,不要施加太大压力。

太大的压力会让孩子退却。曾有心理学家说过:当孩子想成为的人与父母需要他成为的人之间存在过大差距时,他会逐渐变得叛逆。

拓展读吧

一位喜欢安静的老人住在郊外,他的房屋旁边有一片美丽的草坪。有一段时期,一群孩子每天都在这草坪上踢足球,他们笑啊、闹啊,极大地影响到老人的安静生活。于是老人冥思苦想,希望把这些调皮的孩子赶走。老人用了很多方法,如好言相劝、威吓等,但都无济于事。

有一天,老人灵机一动,想出了一个方法。老人笑嘻嘻地对孩子们说:"孩子们,欢迎你们每天来这儿踢球,我非常高兴,我觉得自己也变年轻了。这样吧,为了感谢你们每天来这儿踢球,我每次给你们每人10元钱作为感谢。"孩子们很疑惑,但这是真的。老人果然给他们每个人10元钱。

孩子们很高兴,第二天又来了,一如既往地嬉戏、踢球。老人又出来了,说:"很遗憾,我这段时间经济有点紧张,我只能给你们每人5元钱。"5元钱也能凑合吧,孩子们还是兴高采烈地走了。

第三天,老人又说:"孩子们,我最近比较穷,我只能给你们每人1元钱了。"小孩子一听就不高兴了，才1元钱，太少了。他们拿了钱，踢了一会儿就走了。

第四天，来的孩子更少了，老人给的钱也更少了。孩子们愤愤不平："这老头儿太抠门了，我们这么辛苦地为他踢球，可他给的钱却越来越少。我们为什么要那么卖命地为他踢球啊？"

后来，没有一个孩子来踢球了，他们都忘了最初来这儿踢球是为了什么。只有老人独自偷偷地高兴，草坪上终于恢复了安静。反观现在，有多少孩子从为了自己开心而学习，变成了为了外部的奖励而学习呢？

38. 孩子做作业马虎，怎么办

家长来信

我儿子现在上七年级，生性活泼好动，也有不少优点，比如人际关系好、朋友多、很懂礼貌等，但学习上让我很操心。其实老师们反映他很聪明，理解能力强、反应快，就是有一个让人恼火的缺点：做作业总马虎，导致一些简单的计算题会出错，或者题目没有看清就去做，有时候甚至照抄也会抄错等。考试的时候，他也因为马虎的问题丢过很多分。读小学的时候，他就有点马虎，当时我觉得知识点本身掌握了，只是算错，这不是个大问题，想着长大些自然会好，所以没引起重视。现在发现问题越来越严重，即使我经常搬凳子坐在他旁边、时刻提醒他要细心，效果还是不好。现在我真不知道怎么去教育他。

原因解读

造成做作业马虎的原因是多方面的，从信中的案例来看主要有以下几点。其一，从性格气质方面来看，性子急、好动、做事大大咧咧的孩子，不容易静下来，很容易导致做事马虎。其二，在学习态度方面，有些孩子马虎是因为对待学习和作业不重视、不认真，缺乏责任心，随便了事，在理解知识时也是囫囵吞枣，做作业时追求速度，敷衍应付。其三，家长在孩子小时候没有重视做作业方面好习惯的培养，带来了眼下的被动局面。其四，家长没有科学的教育方法和策略，无法帮助孩子改变做作业马虎的坏习惯并同时建立新的好习惯。

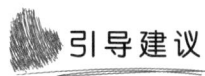# 引导建议

第一，引导孩子端正学习态度。

学习不是一蹴而就的事情，要达到既定的目标，需要家长动之以情、晓之以理，有耐心、有决心和有方法地持续引导，让孩子在心里明白并在行动上践行学习是自己的事、我的学习我负责等观念，端正学习的态度，这样才能从根本上改变马虎的习惯。

第二，提高孩子对马虎危害性的认识。

有些孩子大大咧咧、对学习没什么规划、对未来也没有思考，对马虎的危害更没有清醒的认识，也并不放在心上。面对这样的孩子，家长本身要对孩子的马虎问题重视起来，通过给孩子讲有关马虎行为造成危害的故事，特别是发生在孩子自己、家长、左邻右舍和亲朋好友身上的真实案例，提高孩子对马虎带来危害的认识。

第三，指导孩子具体改变马虎习惯。

改变坏习惯、培养好习惯时，主张从大处着眼、从小处着手，讲究科学，循序渐进。具体来说，要突出三个字：近、小、实。所谓"近"，就是要求根据孩子实际情况来提出指导；所谓"小"，就是把要求降低一点；所谓"实"，就是要实在、具体、好操作。一是先和孩子一起分析、总结马虎的情况，用笔记录下来；如果是孩子玩性大、精力不集中导致马虎，可以认真学习一段时间后休息一下，也就是明确规定学习时间，提高做作业效率和质量，不给"边玩边学"提供机会；如果是因阅读粗心、理解有误导致马虎行为，可以要求孩子仔细反复读题后再作答，培养其耐心；如果是因知识掌握不熟练导致马虎，可以要求每天做作业前复习巩固相关内容后再做作业等。二是教孩子写完

作业之后自己检查一遍，发现错误及时改正，提高孩子做作业的责任感。三是积极关注孩子在改变马虎行为过程中的点滴进步，及时、适时地运用赞许、表扬和奖赏（物质或精神）等正强化的方式激励孩子，使孩子感受到改变的力量，内心充满成功感，并继续按正强化的方向前进。虽然我们倡导以表扬、奖励等正强化手段为主，但批评与惩罚等负强化的方式对孩子不良习惯的纠正也是有一定作用的，偶尔也可以适当使用。

第四，给孩子创造做作业的好环境。

有些孩子专注力不强，身边的"风吹草动"都容易带来干扰，造成无法专注写作业，因而导致马虎。建议孩子做作业的房间尽量保持安静、整洁，特别是书桌上、孩子视线范围之内，不要摆放与学习无关的东西。

第五，让孩子建立一个错题本。

给孩子准备一个笔记本，专门来抄写每次作业里的错题，经常翻看并提醒自己。对做错的题目，不仅把正确的答案写出来，更重要的是帮助孩子找到错误的原因，总结规律，从而避免再次犯错。

"马虎"的来历

宋代京城有个画家，作画往往随心所欲，大家常常搞不清他画的究竟是什么。

一次他刚画好一个虎头，碰上有人来请他画马，他就随手在虎头下画上马的身子。来人问他画的是马还是虎，他答："马马虎虎！"来人不要，他便将画挂在厅堂。

大儿子见了问他画的是什么，他说是虎，小儿子问他却说是马。

不久，大儿子外出打猎时，把人家的马当老虎射死了，画家不得不给马主人赔钱。他的小儿子外出碰上老虎，却以为是马想去骑，结果被老虎活活咬死了。

画家悲痛万分，把画烧了，还写了一首诗深表自责："马虎图，马虎图，似马又似虎，长子依图射死马，次子依图喂了虎。草堂焚毁马虎图，奉劝诸君莫学吾。"

39. 孩子上课总是走神，怎么办

家长来信

我是一个 13 岁女孩的妈妈，我家孩子在上课的时候老走神，老师上课时喊她回答问题，她站起来连题目都不知道。老师找她谈话，问她在想什么，她也不说实话，说没有想什么。我也问过她上课走神的事情，她也是说不知道自己在想什么，等到别人提醒她时，她已经在走神了。后来我仔细观察她在家里写作业的时候，有的时候也会走神，但是情况会好一点，作业基本上还是能按时完成，但是上课的时候走神就非常严重。老师为了解决这个问题，把她安排在一个很守纪律的同学旁边。她确实也不讲小话，但还是走神，同桌提醒她时就好一会儿，不提醒的话就又走神了，特别是物理、数学和英语课，本来她这三门功课的成绩就不好，再加上上课走神，学习效果可想而知。面对孩子上课老走神，我该怎么办？

原因解读

孩子上课走神与多方面的因素有关。其一，可以说是注意力不集中的一个问题。注意力不集中，它不仅仅是一种态度，它也是一种能力的体现。注意力缺失可能跟孩子早产、剖腹产有一定关系，同时也与小时候的教养方式有关，比如玩具等选择过多，父母在孩子玩耍时有过多的干扰。另外，注意力不集中也可能与情绪有关，比如孩子有心事，心思无法放在学习上，那么上课就很容易走神。其二，孩子对感到难度大的科目，可能因为上课跟不上老师的节奏，常常不知道老师讲到了哪里，学习困难造成了没有兴趣而发呆，于是出现走神。

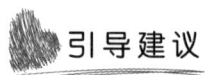

引导建议

第一，理解孩子并积极寻找原因。

孩子出现上课走神的情况，即使他们表示并没有在想什么时，也不要急着去否定孩子，要去理解孩子，相信他们有可能确实是什么都没有想，就是在发呆。即使是孩子真的在想心事但暂时不愿意说，也要给予理解、尊重和包容，不要揪着这件事不放，多给孩子一些时间，通过与孩子良好沟通慢慢打开孩子的心扉，从而找到原因，有针对性地去引导。

第二，换个角度来关注孩子。

家长在去学校与老师交流孩子上课走神问题时，可以换个角度，不再只盯着注意力不集中的课，而是去讨论孩子上哪些课时注意力是比较集中的，探究原因是什么，然后进行迁移，解决孩子上某些课走神的问题。

第三，适当地训练和提高注意力。

注意力既然是一种能力，那么就是可以培养的。家长可以在生活中帮助孩子训练和提高注意力，比如进行"舒尔特表"训练或者倒着背数，这些方法都有助于孩子集中注意力。

第四，培养孩子的兴趣爱好。

当孩子对上课的内容感兴趣了，那么就有可能更加集中注意力进行学习，所以要培养孩子对学习的兴趣，多鼓励孩子、肯定孩子。针对孩子感觉到很有难度的课程，可以降低对这些科目的成绩要求，帮助孩子查漏补缺，慢慢建立自信心。当孩子有了学习的兴趣和能力，那么上课就会愿意跟着老师的思路走，注意力也就自然会集中了。

拓展读吧

"舒尔特表"训练是国际通行的一种最常见和最有效的人的视觉定向搜索训练科目。心理学上运用这种表格，一般是为了研究和发展心理感知的速度，其中包括视觉定向搜索运动的速度。

为了提高注意力，可以选择不同难度和类型的"舒尔特表"进行逐级训练。

如果没有现成的"舒尔特表"，也可以自己制作，方法很简单：在一张有25个小方格的表中，将1~25的数字打乱顺序，填写在里面（如下表）。然后以最快的速度从"1"数到"25"，要边读边用手指出，同时计时。你可以自己多制作几张这样的训练表，每天训练一遍，相信你的注意力水平一定会逐步提高！

21	12	7	1	20
6	15	17	3	18
19	4	8	25	13
24	2	22	10	5
9	14	11	23	16

40. 孩子在老师面前不敢提问，怎么办

家长来信

我儿子今年13岁，在读七年级。我和老公异地生活，老公是个严肃的人，在家里的时间比较少，和儿子交流不多，我和儿子交流得比较多，儿子在我面前话是比较多的，但是在外人面前比较拘谨，不太敢和不太熟悉的人说话。原本我以为儿子长大一些就会变得大方了，但是实际情况是儿子到现在还是很内向，甚至他有些题目没听懂也不敢去问老师。上初中后有些科目的难度比小学大了很多，但是他总是不敢去找老师提问，我也辅导不了他，慢慢地，他的成绩就退步了。我也经常鼓励他，不会的题目可以去问老师，但是他就是不敢。我也对他的大部分老师进行了相关了解，他们虽比较严格但也很尽责，会耐心地给学生解答问题。我也问过他为什么不敢去问，他说可能是心里有一种畏惧感，看到老师有点害怕。儿子不敢向老师提问这件事，不仅影响到了他的学习，我也担心他的这种怯懦的性格对以后的生活都有影响。我该怎么帮助他？

原因解读

孩子在老师面前不敢提问可能有以下的原因。其一，孩子可能觉得自己没有把问题弄明白很丢人，如果去问老师，就等于让老师知道了自己不懂，这样就更没有面子了。为了维护自己的良好形象，孩子自然就尽量对自己不懂的地方加

以掩饰，更不用说去向老师提问了。其二，过往经历留下消极影响。比如孩子以前在向老师提问的过程当中受到嘲笑或别的打击，从而对向老师提问产生了抗拒的心理。为了不使自己重新经历那种曾给自己的心理造成创伤的过程，孩子就会尽量避免向老师提问。其三，受到权威的影响。因为孩子的父亲是个严肃的人，儿子对父亲有权威畏惧，可能会迁移到老师身上，以后还有可能迁移到领导身上。信中说到老师比较严格，这可能使孩子认为老师是严肃且很难亲近的。其四，也有可能是性格比较内向的原因，不习惯与不太熟悉的人进行交流。

引导建议

第一，接纳孩子的性格。

接纳孩子的内向性格，并认识到孩子也可以从内向的性格中获取能量。外向者喜欢从执行中学习，而内向者喜欢从思考中学习；外向者善于组织人和事，而内向者善于组织思想；外向者善于表达，而内向者善于感悟。

第二，改善孩子与父亲的关系。

让孩子父亲多与孩子交流，也鼓励孩子主动与父亲沟通，让孩子知道父亲一方面是权威，另一方面也是他的朋友，也是一个普通人，没有什么好害怕的。孩子与父亲关系改善后会对他与老师的关系的改善有很大帮助。

第三，多鼓励孩子和老师交流。

鼓励孩子去与老师交流，可以一开始找最随和的老师，上课先主动回答问题，课后再主动找老师探讨相关问题。即使孩子开始没有做到，也要多鼓励孩子，坚信孩子有这个能力，只是可能还需要一点时间。

第四，多表扬孩子，让孩子提升自我价值。

不管是在学习还是生活、人际关系等方面，只要孩子有做得好的地方就多给予表扬和赞许，让孩子感到自己是有能力的，是被欣赏和肯定的，是有自我价值的。当孩子自我价值感提升后，会更愿意去尝试挑战。

拓展读吧

一、"语言敏感期"的发展阶段

语言敏感期,一般出现在孩子2~3岁,止于6岁左右。当孩子在婴儿时期开始注视大人说话的嘴形,注意大人说话的声音,以此开启孩子的语言敏感期。

1. 前语言期(0~1岁)。孩子在6个月左右开始发出一些简单的音节;10个月左右开始对声音敏感,且能感知说话者的指令、情绪等;1岁左右,可以说出一些简单的字。

2. 语言期(1~3岁)。孩子在1~2岁时开始喜欢发声并极力地想用自己初步掌握的语言表达自己的想法;到了2~3岁,孩子非常喜欢用自己刚掌握的语言提问,此时就进入了"语言爆发期",他们不单单是自言自语,对大人说的每一句话都要反复模仿。

3. 积累词汇的关键期(3~6岁)。在这个阶段,孩子开始有意识地掌握语音、词藻以及语法的规则,思维表达能力也有所提高,并随着年龄增长在语言表达方面完成"单词句—电报句—简单句—复杂句—复合句"这一系列的发展变化。

二、"语言敏感期"的注意事项

在孩子语言发展的关键期,父母想提升孩子的表达能力,应当注意以下三个方面:

1. 及时回应孩子,多与孩子交流。处于语言学习阶段的孩子口齿不清、词不达意,在他有表达欲的时候,如果父母能耐心地听他说或者跟他对话,这将是难以替代的体验,也会为孩子语言发展提供强大的鼓励。

2. 用提问的方式来交流。在日常生活中,父母可以多用提问的方式与孩子交流,引导孩子用清晰的话语、完整的句子表达自己的意愿,得到孩子肯定的回答后,再满足孩子的需求,这样就能有效加强孩子的表达能力。

3. 借助亲子共读绘本,让绘本故事为孩子的语言发展铺路。绘本故事中人物的对话和活动都可以让孩子反复阅读,引导他主动讲述故事情节,父母可适当提醒,帮助孩子完整讲述故事,使他获得成功的喜悦,从而激发孩子语言表达的意愿。

41. 如何帮助孩子应对考试焦虑

家长来信

我女儿目前在重点中学读九年级，平时性格开朗、自信大方，和老师同学的关系都不错。她平时的小考、单元测试的成绩都很优异，但只要面临像期中、期末这样全校性的考试，女儿进考场不久后就会开始心神不宁、手心出汗，答题时脑袋里一片空白，考试结果自然"惨不忍睹"。比如这次期末考试，平时110多分的语文只考了90多分，平时110多分的数学只考了50多分，老师们都感觉诧异，女儿面对这般结果也是难过和无助……眼看就要中考了，女儿很苦恼，我们父母也着急，不知该如何引导孩子去应对这种现象。

原因解读

孩子身上发生的这一现象属于考试焦虑。考试焦虑最初有诸如身体紧张、心跳加快、手脚冰凉等生理反应，随之而来的是担心、害怕、无助等心理反应，于是头昏眼花、记忆模糊、思维冻结，导致看不懂题、解题头绪不清、分析判断不准确等。

导致孩子考前过度紧张焦虑的主要原因，通常有以下几种。其一，过去有过深刻的失败经历，那种失败后老师、同学、家长或自己的反应和负面评价留下的记忆和感受，容易被考试时熟悉的氛围、场景重新唤醒，导致不由自主地陷入不被控制的"噩梦"旋涡，形成恶性循环。其二，对考试意义看得过重，过分重视考试成绩，对成绩有些错误的认知。比如认为只有成绩好才能证明自己是优秀的，成绩不好就意味着未来考不上好高中，考不上好高中就读不成好大学，上不了好大学就找不到好工作、就不会有好未来等。这种预知明天烦恼的思维模式和错误的认知，无形当中会给孩子莫大的心理压力，从而产生焦虑和紧张。其三，有的孩子复习不到位、准备不充分、掌握知识不牢固，或者孩子本身不自信、不知如何调试紧张情绪等，都有可能导致考试焦虑。

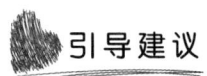

引导建议

第一，寻求心理老师专业的帮助。

如果孩子是因为过去失败的经历留下的"印痕"太深而导致考试焦虑，则建议寻求专业心理老师的帮助，这样修复会更快、更有效一些。

第二，正确认识考试焦虑和压力。

可以告诉孩子面对重要的考试，很多在乎学习、看重成绩的学生都会或多或少出现紧张和焦虑的情绪，这既是一种正常的现象，也说明自己是积极向上、追求优秀的；同时，考试前出现适当的、自己可控的紧张和焦虑，可以提高大脑的兴奋度、提高注意力和反应速度，有利于考场的发挥。因此，不必过分害怕与担心这份友善的考前紧张和焦虑。

第三，引导孩子理性看待考试，转移注意焦点。

父母本人需要更客观地看待成绩和失败，从而引导孩子不要把某次考试看得太重，不要过分夸大考试在人生中的作用，更不要把自己的前途、命运都寄托在某次考试上，要明白考试不是自己命运的决定性因素；指导孩子从过分关注分数、关注名次转移到认真看题、仔细审题、细心答题、发现问题、解决问题上来。

第四，督促孩子做好考前复习工作。

考前复习到位、准备充分、心里有底、信心满满，发生考试焦虑的可能性就会大大降低，所以父母在期中和期末考试前两周，需要多重视、多指导、多督促，让孩子有计划、有方法、有重点地进行考前复习。

第五，指导孩子进行积极的自我暗示。

指导孩子进行积极的心理暗示，可以消除心中的紧张焦虑。在考前，孩子不妨对自己说"我休息得很好，复习得也不错，一定会考出好成绩来""相信自己一定可以的"等具体、肯定的暗示语，这些积极的信息能有效地抑制紧张焦虑的心理，取而代之的是积极的情绪。

第六，父母不焦虑的同时营造轻松愉悦的家庭氛围。

父母本身不焦虑，这样自然不会通过语言、行为和情绪等向孩子传递焦虑的信号。家庭成员平时和睦、轻松相处，家庭氛围良好，这有利于孩子身心健康成长和消除考试焦虑等。

拓展读吧

六秒钟放松法

这里给大家介绍一种"六秒钟放松法"。该方法由美国人凯司·门罗首创，因其所需时间很短，只要六秒钟而得名。其方法是：在能够抓住的任何的一点点空余时间里（哪怕就只有六秒钟），什么也不要想，赶紧收紧自己的腹部，收拢下巴，扭动身子，打个哈欠。只要能够把这几个动作连贯起来做，就能收到自我放松的效果。如果能天天坚持，把它当成日常功课来做，形成习惯，那么紧张的情绪就可以自如消除了。

42. 如何面对孩子考试成绩不理想

家长来信

我有一个14岁的女儿，在读八年级。她小学时成绩很好，也比较稳定。女儿到了现在这个中学，这里的学生成绩都比较好，相比较之下她的成绩变得不再突出，而且也很不稳定，随之她的情绪波动也比较大。现在我们家的气氛一到她考试就变得很紧张：如果她考试考得好，家里还算平静，她就会很开心，一整天都感觉很好，她会主动跟我们一起聊聊天；一旦考砸了，她就沉默不说话，有时候还把自己关在房子里。老师说不要给她太大的压力，我们其实也尽量避免给她压力，但是不知道为什么，她给自己的压力非常大。有一次我跟孩子说，考不上重点高中也没关系，结果她更加生气，说我不信任她。请问我如何面对孩子考试成绩不理想呢？

原因解读

分析一下信中的孩子考试成绩不理想带来较大情绪波动，可能有以下原因。其一，孩子本身就很要强，对自己要求很严格，自尊心很强。同时，孩子也很看重老师对她的期望，关注别人对她的看法。其二，可能父母有时候给孩子压力而不自知，这不仅体现在父母的语言上，也可能是在行为或情绪上。其三，当父母说考不上重点高中没有关系时，孩子解读成了父母认为自己就是考不上，自然会很愤怒，备受打击。其四，孩子十分在意考试的结果，而忽视了准备考试的过程。结果是不可控的，准备考试的过程却是可控的，如果孩子太在意这种不可控的因素，情绪也会不稳定。

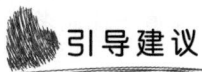 引导建议

第一，多关注孩子的情绪。

与孩子聊天时多关注孩子的情绪，不过分关注孩子的成绩；多聊孩子感兴趣的，不聊孩子反感的。尊重孩子的选择和决定，多鼓励孩子自己去尝试和探索。

第二，不给过高期望。

不要给孩子过高的期望，如果孩子本来对自己的要求就很高了，家长要适当为其减压，而不是加压。同时不要拿自己孩子与别人家的孩子进行比较，努力接纳孩子的现状。

第三，不否定孩子。

家长说没有考上重点高中也没有关系本是出于安慰，但如果是在孩子还有情绪时说就很像是不相信孩子，所以可以说相信孩子有能力去达到，同时说不管达不达到，孩子在自己心目中都是有能力的、都是优秀的。

第四，充分理解考试的意义，进行积极认知。

家长要理解考试的意义和孩子出现考试成绩不理想情况的意义。考试的目的是为了对孩子学习情况进行检验，如果孩子在这一过程总遇到一些挫折，这对孩子的成长是有帮助的，他们以后可以更好地应对困难。家长要积极地看待这件事情。家长有了充分的理解和积极的认知，才能更好地引导孩子应对考试带来的各种挑战。

拓展读吧

有个小男孩对一个问题一直想不通：为什么自己的同桌想考第一就能考第一，而自己也想考第一却考了第二十一名？

回家后他问道："妈妈，我是不是比别人笨？我觉得我和她一样地听老师的话，一样地按时做家庭作业，可是，为什么我总比她落后？"妈妈听了儿子的话，觉得儿子开始有自尊心了。而这种自尊心正在被学校的排名所伤害。妈妈望着儿子，没有回答，因为她不知道应当怎么回答。

又一次考试，儿子前进了三名，而他的同桌还是第一名。回家后，儿子又问了同样的问题。妈妈真想回答说：人的智力是有差别的，考第一的人脑子就是比一般的人灵光。然而这样的回答，难道真的是孩子想知道的答案吗？她庆幸自己没有说出口。

应当怎样回答儿子的问题呢？有几次，妈妈真想重复那几句被无数父母重复了上万次的话：你太贪玩了；你在学习上还不够勤奋；你和别人比起来还不够努力……以此来搪塞儿子。然而，像她儿子这样脑袋不够聪明、在班上成绩不甚突出的孩子，平时活得还不够辛苦吗？所以，她没有那么做，她想为儿子的问题找个完美的答案。

儿子小学毕业了，虽然他比过去更加努力，但是依然无法赶上他的同桌，不过他的成绩一直在提高。为了奖励儿子的进步，妈妈带儿子去看了一次大海。就是在这次旅行中，这位妈妈回答了儿子的问题。

妈妈和儿子坐在沙滩上，她指着海面对儿子说："你看那些争食的鸟儿，当海浪打来的时候，小灰雀总能迅速地起飞，它们拍拍两三下翅膀就能升入天空；而海鸥总是显得非常的笨拙，它们从沙滩飞向天空总是要很长时间。然而，真正能飞跃大海、横过大洋的却是它们！也许我们的脑袋真的不够灵光，也许我们的肢体真的有些笨拙，也许我们的语言表达能力真的不够好，也许我们每个人身上都会或多或少的有缺陷和不足。但是，请相信：只要我们努力，我们真的可以成为那只个飞跃大海的海鸥！"

43. 孩子不愿参加课外补习，怎么办

家长来信

我儿子上小学的时候，成绩一般都是班上前 10 名。小学五年级以前因为课程还比较简单，我也能够辅导，所以没有报过补习班，只报了画画兴趣班。六年级的时候我想着为以后初中竞赛做准备，就给他报了奥数班。开始他还是比较喜欢的，后来就不愿意去了。我了解后得知是补习老师无意中对他说过"才讲过的就忘了""这道题这么简单还不会"之类的话，我要求他继续去，但是他就是不愿意去。现在儿子上七年级了，有些科目我也没有能力来辅导他了。上次期中考试几门学科成绩都不理想，我说让他去补习，他就是不愿意去，认为补课效果不大，而且还浪费钱。他似乎对自己很有信心，他说通过自己多做题、多预习是可以提高成绩的。我实在想让他去补习，可他就是不愿意去，我该怎么办呢？

原因解读

案例中的孩子不愿意去上补习班，可能有以下几个原因。其一，孩子认为自己有能力学好，认为去补习是没有学好的人才去的，自己通过努力也可以学得不错。其二，孩子也提到不想浪费钱，说明这也是他考虑的一个因素，他不想花费这么多钱来补习，特别是花钱了还不一定有效果，所以他不愿意去补

习。其三，之前补习时被老师否定过的经历给他造成了心理阴影，对去参加补习班有排斥、厌恶甚至恐惧感。其四，可能因为参加补习班会减少他玩耍和上其他兴趣班的时间，所以不愿意去。其五，以拒绝去补习班的行为，向父母的某些教育方式委婉地说"不"。

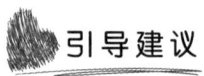 引导建议

第一，理解、接纳孩子的情绪。

家长要理解孩子的心情，孩子本来抱着乐意的心态去学习，但是老师无意中的评论给他造成一些伤害，孩子自然会产生抵触情绪。不管孩子表达出对之前补习老师有什么看法，都先予以理解，不试图去讲道理，让孩子尽情倾诉。

第二，发现并欣赏孩子身上的可贵品质。

从信中可以看出孩子有很强的自主意识，他愿意自己来解决学习上的问题，他愿意为了达到这个目标而付诸行动，虽然收效甚微，但是也要肯定他的努力。他探索思考、独立解决问题的优秀品质要被看到同时加以认可。这些品质都是他今后人生中非常宝贵的财富。

第三，引导孩子正确认识课外补习。

孩子会觉得去参加课外补习是成绩不好的孩子才干的事情，他不想被贴上成绩不好的标签。所以家长要在学习上多肯定孩子，尤其是孩子身上优秀的学习品质，让孩子内心有充足的心理营养，让孩子明白去补习是为了更好地发展，成绩好的孩子也可以去补习，不管孩子最后愿不愿意去补习，引导孩子正确认识课外补习这件事。

第四，尊重孩子的意见。

在孩子学习这件事上，家长可以给予建议，但是最终去实践的还是孩子自己，所以要尊重孩子的意见，特别是孩子到了青春期后，有了强烈的自主意

识，如果硬逼着孩子去做他们不接受、不喜欢的事情，往往会适得其反。家长可以在孩子的情绪平复之后，用孩子愿意接受的方式来与孩子探讨，父母可以提建议，但是上不上补习班、上哪个补习班最终还是得孩子来做决定。

拓展读吧

茅以升背诵圆周率

茅以升10岁那年，就以优异的成绩考入江南中等商业学堂。他为自己制订了严格的作息时间。每天清晨，他都要到河边去背书，甚至还背圆周率。他常常边走边背，由于注意力高度集中，有一次他竟然一脚踏进河里，弄得全身湿淋淋的。从此，人们称他为"书呆子"。

有一年，学校举行新年晚会，同学们唱歌、跳舞、弹琴、吹笛，个个都表演了节目，非常热闹。这时，有人提议让茅以升也表演一个节目，想捉弄一下这个"书呆子"。出人意料的是，茅以升红着脸上了场，他不慌不忙地说："我不会弹琴，不会跳舞，给大家背一背圆周率吧。3.14159265……"他竟然一口气背出圆周率小数点后面100位数字。顿时，掌声雷动，经久不息。师生们对这个"特别节目"惊讶不已，对茅以升的敬意油然而生。

原来，茅以升见书本上已把圆周率近似值精确到小数点后面100位数字。他想圆周率这样重要，我不妨把它背下来。于是，他每天起床都要把圆周率背一遍，中午休息前又背一遍，晚饭前再背一遍，天天如此，坚持不懈。从背到小数点后10位、20位，到30位、40位……最后，他终于能一口气背到小数点后100位了。他常说：人的头脑、人的四肢，越用越灵，越练越强。相反，不经常磨练，时间长了，就会生锈。

44. 如何帮助孩子处理好当班干部与学习之间的关系

家长来信

我女儿今年14岁，非常聪明乖巧，我们夫妻俩对她的教育也非常重视。她从小就很认真上进，有良好的学习习惯，成绩一直名列前茅，这一点让我们常引以为傲，她也深受老师的信赖和同学的喜欢。小学的时候她是班上的班长，初中当选上了团支书，她做事非常认真负责，还获得了优秀团干部等称号。到了八年级，她的学业越来越重，再加上团支书的事情很多，不仅经常团委开会，还要负责社会实践和美编制作工作，这导致她上次考试成绩退步了，为此她也很难过。我跟她说别当班干部了，但她反对，她说她想把团支书这个事情做好，而且想法很坚定。我想去和班主任说说，但是她不许我去。看到她现在经常要为班上的事操心，而且离生物和地理会考也只剩几个月时间了，我真不知道要怎样帮助孩子处理好当班干部与学习之间的关系。

原因解读

青春期的孩子往往认为自己已经长大成人，但事实上却又是幼稚懵懂的，他们拒绝灌输却又渴望得到帮助，这样矛盾的心理使得他们的行为在家长眼里是有些荒唐和不理智，但对孩子的成长来说，这个挣扎甚至走弯路的过程却意义重大。随着孩子的身体和心理逐步走向成熟，孩子逐步意识到自己是一个有独立意识的人。他们有自我价值实现的需要,渴望全面了解自己的能力。从信中可以看出孩子身上具备积极向上、做事认真、不怕困难、不轻易认输和放弃等优秀品质,同时可以看到孩子也很在意老师和同学们对她的信任和评价,非常希望能做好,所以这份班干部的工作对她来说很重要。这些其实都不是问题,即使成绩偶尔退步也属正常现象。倒是家长对孩子成长需求的不够了解、家长的过分担心和焦虑、家长缺少科学的教育方法等造成了困惑。

引导建议

第一,家长放下担心和焦虑。

进入青春期以后,孩子的自我认识比较模糊且不稳定,他们需要通过各种体验加以验证,才能更加自信。由于对自己的认识不清,孩子经常会在自我否定与自我肯定之间徘徊。这个时期,家长不要再把他们当儿童来对待,不要剥夺孩子认识自我的机会。家长需要调整自己的心态,放下担心和焦虑,让孩子自己学着看世界、看自己,并有意识地给孩子创造认识自我、改变自我的条件,让孩子大胆去实践,同时给予诚恳的肯定。

第二,尊重并满足孩子的合理需求。

孩子不断成长、成熟、成功的过程,就是不断认识自我和超越自我的过程。自我实现是孩子心灵的需要,所以孩子会通过很多事情来证明自己、寻找自我,如打篮球、弹钢琴、当班干部等。当孩子在做好具体事情中感受到了自己的力量、存在的价值,他们自我实现的心理需求就会得到满足。遗憾的是很多家长对孩子自我实现的需求重视不够,总是把学习成绩放在第一位,容易忽视其他能力和心理需求。这对孩子身心健康的发展和品德修养的形成极为不利,所以家长需要有更科学和更全面的教育观来引领孩子的成长。

第三,给予孩子适当的引导和建议。

孩子在成长中,由于认知、阅历和经验等方面的局限,在思想、行为方面出现偏颇或遇到问题和困惑是再正常不过的,所以这个时期需要家长的积极关注,给予孩子适时的帮助、引导和建议。比如可以同孩子沟通和协商学习与班干部工作的时间具体如何分配、需要家长提供哪些帮助和支持等。

时间管理

  课堂上,教授在桌子上放了一个玻璃罐子,然后从桌子下面拿出一些正好可以从罐口放进罐子里的鹅卵石。教授把石头放完后问他的学生:"你们说这个罐子是不是满的?""是。"所有的学生异口同声地回答。教授笑着从桌底下拿出一袋碎石子,把它们从罐口倒下去,摇一摇,问:"现在罐子是不是满了?"大家都有些不敢回答,一位学生怯生生地细声回答:"也许没满。"教授不语,又从桌下拿出一袋沙子,慢慢倒进罐子里,然后又问学生:"现在呢?""没有满!"全班学生很有信心地回答说。教授又从桌子底下拿出一大瓶水,缓缓倒进看起来已经被鹅卵石、碎石子、沙子填满的玻璃罐。

  一个普通的玻璃罐就这样装下了这么多东西,但如果不先把最大的鹅卵石放进罐子,后来就没机会把其他东西再放进去了。时间管理亦是如此,如果合理设计规划,我们就可以将有限的时间进行最大化的利用。

45. 如何引导孩子处理好学和玩的关系

家长来信

我儿子今年10岁，从小开朗活泼、聪明好动。他喜欢打篮球，而且打得不错，参加了校篮球队；平时喜欢和班上的同学、小区的邻居及其他同龄亲戚一起玩。儿子经常会跟我说他想出去玩，我一般是说把作业做好了就可以出去，有时候他作业做得不错，但是更多的时候为了能够早点去玩，做作业就敷衍了事，而且他坚决不愿意做作业之外的练习或阅读课外书等，感觉他完全没有学习的主动性，更像是在应付任务。我常常在想，如果他能够再多花一点时间来学习，他的成绩就不会处于班级中等水平。我现在很困惑，真不知该如何引导孩子处理好学和玩的关系……

原因解读

玩是孩子的天性，每个孩子都喜欢玩。但如果玩占用了孩子大量的时间，导致学习态度不端正、学习习惯不良、学习成绩不佳，确实需要引起重视。

从信中可以看出造成目前问题的主要原因有：其一，孩子天生外向好动，让孩子更容易进入"动起来"的玩而不是"静下来"的学，而且孩子在玩的过程中很享受，也玩出了成绩，找到了自己的价值感和归属感，这股内在的力量让孩子很难拒绝玩的诱惑，孩子的自我控制力有待提高；其二，家长对

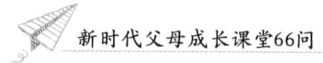

"玩"和"学"的认识比较狭隘,需要修正和调整;其三,在过往的教育中,家长缺乏及时的、具体的、科学的指导、帮助和监督。

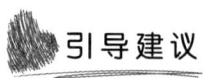

第一,科学地看待玩和学的关系。

进入小学后,学生的主要任务确实从上幼儿园时的以玩为主变成了以学习为主,但玩仍然是孩子的天性,家长不能扼杀孩子玩的天性和剥夺孩子快乐的源泉。小学阶段主要以开发智力、激发学习兴趣、培养与人相处的团队合作精神、养成良好的生活和学习习惯为主,而这些目标都可以在玩中、在团体活动中来培育,因此家长不能忽视孩子在小学阶段的玩。总而言之,学与玩,看似矛盾,却是有机统一而不可分割的整体。

第二,引导孩子在玩中学习和成长。

家长要做的重点不是反对孩子玩,而是要安排出时间,经常参与到孩子的玩耍中,父亲的参与尤为重要。在玩耍中,可以建立起融洽的亲子关系,为高效的家庭教育奠定基础,这需要家长有针对性和有目的性地引导孩子玩耍。家长可以引导孩子在玩中发现学习的乐趣,同时也可以帮助他们提高洞察力、思考力和对未知的探索精神等。当然,家长在玩中还可以注意观察孩子,发现孩子的爱好特长,给以保护和鼓励。

第三,和孩子一起制定合理的规则。

关于如何处理好玩和学的关系,家长需要给孩子讲清道理,同时清晰地传递家长的主张:比如学得认真、玩得尽兴;作为学生,学习应该摆在第一位;等等。同时,要和孩子一起在沟通协商的氛围中制定合理的玩与学的规则。规则不宜定得太多、框得过死,应留有余地。家长应尽量给孩子安排和设置有趣而富有意义的玩耍活动,让孩子玩出水平、玩出智慧。

第四,营造适合学习的家庭氛围。

在家里尽量给孩子营造一个良好的学习环境,比如孩子学习的房间保持安静、舒适,并且有书桌、书柜等必要的学习陈设,书柜里有一定数量的孩子喜爱的书籍,包括在墙上张贴字画图片,尽量给孩子营造浓浓的学习氛围,让孩子容易进入学习状态。当然最重要的氛围就是家人喜爱读书和学习。

拓展读吧

有一位农民父亲将家里的五个孩子全部培养成了大学生。记者去采访这些孩子,问他们:父亲是如何将你们培养成才的?

孩子们总结出两个字——身教。他们是这样讲述的:父亲从不讲大道理,他为我们每个孩子制订一份计划,早晨五点起床,锻炼身体,包括他自己。每天早上,父亲总是第一个起床,敲敲房门,不多说一句话,我们便很自觉地爬起来。十几年如一日,父亲从未间断过。我们的毅力便在这十几年间一点一点地沉淀下来。每个孩子从跨进小学校门的第一天起,父亲便发给我们每人一个脸盆和一个搓衣板,这意味着我们以后要自己洗自己的衣服了。我们的独立性便从这一个脸盆和一个搓衣板开始了……

46. 孩子不喜欢自己的老师，怎么办

家长来信

孩子五年级的时候，班上换了语文老师。结果不到半个月，孩子就告诉我他不喜欢新的语文老师，觉得她太唠叨了。一个学期下来，孩子的语文成绩不断下滑，我也开始变得焦虑。

寒假期间，我跟他谈了好几次，告诉他跟老师保持良好关系的重要性，他有所触动，表示会尝试转变对老师的看法。可开学后不久，他在语文单元小测验中考得不太理想，老师在课堂上对考得不好的同学专门做了点评，原本就对老师无感的孩子这下变得更加不喜欢这位老师。我担心这样下去，孩子最终会厌恶语文学科，影响今后的学习。除了讲道理，我实在想不出什么更有效的办法。面对孩子不喜欢自己的老师，我还可以做些什么呢？

原因解读

"亲其师"方能"信其道"，如果孩子不喜欢某一学科的老师，那么这门学科往往很难学好。

孩子肯定不会无缘无故地不喜欢自己的老师。一般来说，孩子不喜欢老师原因可能有两个：其一，孩子与老师的互动过程中可能出现了"不愉快事件"，比如表现不佳被老师批评了，跟老师互动时老师消极回应或者没有回应

等,由此产生了逆反心理;其二,老师对孩子的关注不够,使孩子心理有落差,又或者孩子不习惯老师的教学风格,因难以适应而产生"厌恶感"。

信中的孩子之所以不喜欢自己的语文老师,可能就在于不适应新老师的教学风格,且没有得到及时的心理疏导。

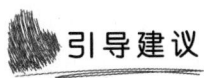

第一,家长要培养孩子"同化与顺应"的意识。

同化与顺应是著名心理学家皮亚杰在解释孩子与世界相互作用的过程时提出的概念。当环境变化符合孩子的认知时,孩子会欣然接受、吸收;当环境变化超出孩子认知时,孩子需要调整自己,以适应环境变化。

家长需要从小培养孩子的这种适应和调整意识。在成长过程中,有些变化让我们欣喜,有些变化让我们感到不舒服,甚至难受;有些变化我们可以控制,有些变化我们无能为力……这种意识会让孩子更理性客观地认知世界,在成长中引领孩子做出正确的判断和选择。更换老师是学校的工作安排,无法根据孩子的个人意志而改变,家长要让孩子从心理上接纳这个客观事实,然后再做进一步的心理调整。

第二,与孩子一同练习"寻找亮点"的技能。

发现别人的优点并懂得赞赏是一种重要的人际交往能力,在孩子的成长过程中,这种技能的训练尤为重要。在家庭日常活动中,家长带领孩子玩一玩"找找对方的优点"的游戏,同时将其延伸到孩子不喜欢的老师身上,积极乐观地去发现他人身上的优点,理性客观地去看待其缺点。

第三,练就"可爱想象法",改变心目中对方形象。

如果孩子对老师的厌恶程度比较深,这时候家长光从孩子的认知层面做工作还远远不够。家长需要从孩子的行为着手,传授给孩子一些可操作的技巧与方法，改变孩子对老师的看法，比如"可爱想象法"。

具体做法是引导孩子把老师的面部想象成自己最喜欢的动漫人物形象，在这种形象设置下再去进行一些互动活动，往往能取得不错的效果。

当然，家长不可操之过急，通过反复的练习与强化，多方面综合引导，假以时日，孩子对老师的看法会发生转变。

第四，支持与鼓励孩子主动接近老师，主动改善师生关系。

孩子成长过程中总会遇到各种不可控的状况和问题。身为父母，家长需要引导孩子获得解决问题的能力，鼓励孩子主动与老师沟通交流，理解老师"以一对众"的辛苦，接近老师，了解老师，师生关系慢慢地就在不知不觉中缓和了、融洽了。

必要时，家长还可以寻求当事老师的帮助与配合，一起帮助孩子去跟身边的人好好相处。

拓展读吧

什么是青春？青春是经历灰头土脸和跌跌撞撞后，依然对前方目标的笃信；青春是穿过荆棘仍不会停下脚步的坚韧；青春是心中像火一样燃烧、从未熄灭的斗志；青春是迎着一切向前冲，不回头、不认输的勇气……

1. 青春是笃信

他叫梁俊，2013年带着新婚的妻子，来到贵州省石门坎，走进乌蒙山。他总说这是他一生的幸运，因为他认识了一群可爱的孩子，带着他们唱古诗、写作文。

"白日不到处，青春恰自来。苔花如米小，也学牡丹开。"这首古诗《苔》被他谱上曲，教给了乡村小学的孩子们，又在舞台上重新被唤醒。

梁俊老师就是想通过这首诗来告诉这群山里的孩子们："我们即使拥有的不多，但依然可以像牡丹花一样绽放，我们不要小看了自己。"

2. 青春是责任

前段时间，男教师抱着孩子批阅学生试卷的照片刷爆了朋友圈。主人公是平度市第九中学高三（13）班班主任范应彬老师，趴在范应彬肩上安然入睡的是他刚满周岁的小儿子。

范应彬是两个孩子的父亲、57个学生的班主任、113个学生的数学老师。他的爱人史桂香同为平度市第九中学数学老师，他们家是典型的"双师家庭"。

为照顾生病的小儿子，史桂香接连好几天没睡过囫囵觉，为了让爱人补个觉，范应彬当起了"超级奶爸"，这才有了边抱孩子边批阅试卷的感人一幕。

初为人父，也更懂得了青年对世界、对生命的责任。和孩子一起成长，也开始真正理解教育。

47. 如何帮助孩子面对新的竞争

家长来信

我女儿今年13岁，原本是一个活泼开朗的孩子，可刚进初中半个月，言谈举止中总流露出忧心忡忡的样子，感觉她内心充满了害怕与焦虑：在小学，她不仅是班长，成绩也很拔尖，常常处于班上的前三名，所以一直是老师眼中的好学生、同学们信任的好伙伴，拥有三好学生、优秀班干部等诸多荣誉。我们家长和她自己都希望进入初中后，她能像小学那样，甚至比那时更优秀，可是她常担心到了新的班级中没有以前那么优秀了，甚至担心自己会成为差生，还担心得不到老师和同学的信任……作为孩子的母亲，我该如何去教育、引导孩子去面对新的竞争？

原因解读

从小学到中学，由于诸多变化，比如环境变化、学习内容变化、学校管理变化、班级成员变化、竞争强度变化等，每个学生都要经过一段时间的适应和调整。由于个体的差异，不同学生适应过程的快慢各不相同，而一直处于优秀位置又天性要强好胜的小敏背负着小学的荣誉光环，压得她在前进的路上有些吃力，面对中学更加激烈的竞争环境，产生了对未来的焦虑与困惑。

引导建议

看得出孩子是一个具有上进心和自尊心的女孩,希望自己在新的学校、新的学习阶段依然优秀出众,得到亲友、师长和同学的赞赏和肯定,这是可以理解的,也是应该支持鼓励的。

第一,让过去"归零"。

人生好比漫长的旅途,沿途我们需要一些休息的驿站,否则我们会走得很辛苦,甚至难以顺利走到终点。小学毕业了,意味着已经完成了一段路途,到达了某个人生的驿站,在这里可以稍作休息和反思,考虑下一段行程该怎么走。这时盘点小学六年的收获,高兴之余也产生了新的压力。然而,出色的旅行家不会让过去的收获成为下一段旅途的负担,他们会更看重取得成功的经验,也不会把过去的成绩时刻带在身边。让过去"归零",可使人轻装上阵,在通往成功的道路上走得更加顺利。

第二,带着"空杯"的心态上路。

如果想学到更多的学问,我们先把自己想象成一个空着的杯子,然后去融入新的环境,去面对新的知识、新的同学、新的老师和新的竞争。因为空杯子才能盛下最多的东西,而学习、吸收得越多,自然也就越有实力、越强大。

第三,真诚去结交新的朋友。

面对陌生的新同学,人的心里会充满不安与迷茫,内心的焦虑导致身体的不舒适感,身心的紧张使人的学习状态、学习效率及潜能挖掘都会受到负面的影响,所以建议真诚地和班上的同学建立起新的友谊,良好的人缘将助你在成长的路上走得更好、更快。

第四,协助孩子重新认识自己。

建议父母和孩子一起更客观、更全面地分析自己、认识自己,发现自己的长处和不足，并把它们写下来，从长处里找到自信，从不足中找到今后努力提升的方向。

第五，引导孩子学会欣赏他人，敢于竞争。

世上没有完美的人，一个人再优秀也会有缺点，一个人再平庸也会有优点，引导孩子学会欣赏他人、学习他人身上的优秀品质，并且敢于通过竞争来促进彼此的成长、达到双赢的结果，这样自然也就不会害怕竞争和失败了。

拓展读吧

关上每一扇门

曾任英国首相的乔治·格伦维尔有一个习惯：每经过一扇门，他便随手把门关上。有一天，乔治和朋友一起散步，他又随手把门关上。"你没有必要把门关上。"朋友说。

"哦，当然有必要。"乔治说，"我这一生都在关我身后的门，你知道，这是必须要做的事。当你关上门时，也将过去的一切留在后面，然后你就又可以重新开始。"

在人生的旅途中，疏忽与错误在所难免，光荣与赞誉也不应该让我们裹足不前，尽快忘掉它们，这样才能做好眼前应该做的事。

每天都问问自己：关好身后的每一扇门了吗？有新的门在眼前打开吗？

第四辑

心理品质提升是孩子成才的基石

"父兮生我，母兮鞠我。抚我畜我，长我育我……"古往今来，中国父母试图燃烧自己的一生去照亮孩子的前程，总希望自己努力一些、辛苦一些，好为孩子多积攒一些家业，让孩子未来的发展有一个更好的基础。

只是有时候，父母满腔的爱换来的并不是孩子的感激。甚至，父母不恰当的爱，会给孩子的心灵带来生命不能承受之重。

如何培养一个心理健康、人格健全、积极乐观的孩子呢？教育孩子，不是高高在上的管束，而是用眼看、用耳听、用心悟，给予孩子有温度的爱。在爱的包围中，父母才有可能教育出乐观向上、懂共情、能抗挫折的孩子。

第四辑 心理品质提升是孩子成才的基石

48. 如何培养孩子的自信心

家长来信

我女儿正读小学五年级，成绩一直排在班上前十，长得亭亭玉立，性格文文静静，但是女儿多次向我诉说她内心很苦恼：学校里的演讲比赛、作文比赛等，她其实很想报名，因害怕拿不到名次就只好在一旁羡慕其他同学主动报名参加；课堂上不敢举手，不敢站起来发言，怕回答不好被同学嘲笑；竞选班干部时，很想冲上讲台去演讲，可心里却总有一个声音对自己说：肯定选不上，还是别去丢丑了；平时她也不敢尝试自己没有把握的事情，不敢当众表达自己的看法，担心别人看笑话等。现在甚至觉得同学们开始有点瞧不起她，她总觉得自己不够好……这些感觉让她很不开心，都快进入六年级了，眼看成绩也在退步，女儿越发着急了。作为父母，我们不知道如何培养孩子的自信心。

原因解读

自信是指自己相信自己有足够的能力取得自己想要的价值或东西。一个孩子相不相信自己，源于幼年时期重要他人（比如父母）对他的评价，首先源于他人是否相信自己！所以一个人真正内在的自信是从小培养出来的，而培养的最重要的方式就是父母内心深处对孩子有足够的信心。

结合信中孩子的情况，我们可以看到孩子不自信的原因包括以下方面。其一，与父母的教养模式、孩子的成长环境和成长经历有着密不可分的关系。孩子年幼还没有形成自我概念前，都容易活成父母眼里、口里、心里的那个样子（或"好的"或"坏的"）。其二，一个孩子的成长过程不可能是一帆风顺的，在年幼的孩子遇到困难和挫折时，如果能得到父母科学有效的帮助或引导，就会增强孩子成长的力量；反之则会减弱孩子内在的力量，从而让孩子离建立自信越来越远。更何况培养自信的品质不是一朝一夕的事情，它是父母无数次呵护、不断提升孩子内在能量的叠加过程。

引导建议

自信心对我们一生影响非常大，无论是在工作上还是生活上，都无比重要。自信是走向成功的第一步，是成功的基石。父母可以从以下三个方面进行引导。

第一，父母运用积极的语言表达去培养自信心。

父母在和孩子日常的互动当中，很多时候需要用语言去表达。其实我们的语言它是带有能量的，比如说在我们的记忆中，某人曾对我们讲过某句话，我们一想起来就会觉得温暖和开心，那说明这个人的语言给我们带来了正能量；相反可能某天某人也曾对我们讲过什么话，我们一想起来就难受或悲伤，那说明这个人的语言给我们带来了负能量。所以父母在与孩子的日常沟通交流中需要注意自己的语言表达，具体建议如下：1. 用肯定式的语言习惯代替否定式的语言习惯。例如，面对孩子不愿做家务，否定式的语言习惯是"你不要这么懒"，而肯定式的语言习惯是"孩子你比上次勤快多了"。2. 用建设性问句代替破坏性问句。例如，孩子考试没考好，破坏性问句的表达是"你为什么没考好"，孩子只能从过去的经历中查找原因、借口等，让孩子觉得无力和绝望，因为对已经发生过的事情，每个人都是无能为力的；而建设性问句是"我们来想一想下次如何考得更好"，这样孩子会在未来可控的时间里去寻求突破，至少会感受到希望和力量。3. 父母用语言帮助孩子挖掘自身与生俱来的能力和资源。家长应把赞美和鼓励的语言作为教育孩子的主导方法，特别是对自卑的孩子。

第二，父母用科学的行为去帮助孩子建立自信。

父母用科学的行为去帮助孩子建立自信，让孩子坚信自己是可以超越自己，甚至超越他人的，具体建议如下：1. 父母学会在孩子面前适度示弱而不是逞强，姿态要低一点而不是高一点，让孩子看到自己的优势和长处；2. 对孩子的弱项或短板，可以通过放大孩子微弱的进步去帮他找到自信，发现自身潜能，从而推动他的成长；3. 从孩子在生活中存在不完美的地方，甚至失败的尝试中，擦亮眼睛寻找值得赞美的地方，从而给孩子正面鼓励，激发其自信心，让他下一次还敢于去尝试，直到做得更好。

第三，发掘孩子自身优势，增强其自信心。

培养自信的关键在于认识并挖掘自身的优势，从某种意义上说，这比弥补自身的劣势更重要。

"管理自己的缺点"，就是在不足的地方尽力做到足够好而不是放弃努力；"加强自己的优点"，就是把大部分精力花在自己有兴趣的事情上，让自己有最大的机会取得最优秀的结果，从而培养自信，走向成功。

拓展读吧

改变一生的赞美

卡耐基小时候非常顽皮。在他9岁的时候，父亲把继母娶进家门。

父亲一边向继母介绍卡耐基，一边说："亲爱的，希望你注意这个顽劣的男孩。他已经让我无可奈何。说不定明天早晨以前，他就会拿石头扔向你，或者做出让你完全想不到的坏事。"

出乎卡耐基意料的是，继母微笑着走到他面前，托起他的头认真地看着他。接着她对丈夫说："你错了，他不是什么坏男孩，而是全镇最聪明、最有创造力的男孩。只不过，他还没有找到挥洒热情的地方。"

继母的话说得卡耐基心里热乎乎的，眼泪几乎滚落下来。就是凭着这一句话，他和继母开始建立友谊，也就是这一句话，成为激励他一生的动力，造就了后来举世闻名的卡耐基。

第四辑 心理品质提升是孩子成才的基石

49. 如何培养孩子的责任心

家长来信

我是一个9岁男孩的父亲,一直忙于生意而忽视了孩子的教育,他主要是由他奶奶和他妈妈带。我原来觉得这样的安排不错:我负责赚钱,他奶奶和他妈妈负责陪孩子。后来班主任和我说孩子没有责任心,需要我来参与管教,奶奶和妈妈有个共同点就是比较溺爱孩子,不让孩子做任何家务事。老师说在班上找几个男生去搬书,他不肯去,还振振有词地说:"为什么要我去?"他对班级的事也漠不关心。班主任要我来管,孩子他妈也说都是因为我很少回家,孩子才没有责任感。我现在也认识到要尽可能多地陪伴孩子,但是我该从哪些方面着手来培养他的责任心呢?

原因解读

儿童在自我的关注和认识方面的发展是比较早的,而对自我与他人的关系的认识则受儿童自我中心和抽象逻辑思维能力发展的影响,因此在对他人和集体的责任心等方面,儿童的发展相对较慢。

信中的男孩目前表现出没有责任心主要由三方面的原因所导致。其一,孩子年龄尚小,对于儿童来说,其责任行为还常常表现出一定的情境性,责任行为不稳定。比如,虽然在成人的教育下,儿童知道做完作业应该自己收拾好书包,但由于成人未要求其自己收拾,儿童对这件自己的事情可能就缺乏责任认知,不能做出负责任的行为,从而使其行为在同一类的不同情境下有不同的表现。其二,家中承担教养工作的是妈妈和奶奶,在这样的家庭结构中,缺乏男性榜样。而生活中父亲更能激发孩子的担当意识和责任心。其三,家庭教育缺失责任心培养。由于妈妈和奶奶溺爱与纵容,使孩子没有机会承担责任,从而剥夺了孩子一些做事的权利。当儿童没有得到恰当的教育,儿童的心智年龄与生理年龄也会不相符,有的孩子生理年龄发展了,但是心智年龄发展缓慢,导致责任心这块没有跟上。

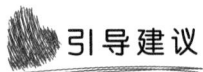

引导建议

第一,不包办替代,自己的事情自己做。

想让孩子有责任心,第一步是让孩子学会自己的事情自己做,比如起床收拾床铺、整理书包和书桌等。不包办、不干涉,是锻炼孩子责任心最好的利器。伴随着孩子的成长,他的独立性会越来越好,责任心也会越来越强。如果孩子遇到困难,家长可以给予指导,但是一定不要包办代替,要给孩子机会把事情独立做完。

作为家长,除了让孩子自己的事情自己做之外,还要让孩子学会承担自己行为的后果,对自己的所作所为负责,只有这样才能有效地培养孩子的责任心。

第二,舍得放手,鼓励孩子做家务。

想要孩子有责任心,不仅不要阻止孩子做家务,还要鼓励孩子做些力所能及的家务。因为做家务不但可以培养孩子的动手能力,还可以很好地培养孩子的家庭责任心。关于做家务,重点不是孩子做的结果怎么样,而是通过这些生活细节,孩子不仅能更多地参与到家庭生活,产生主人翁的自豪感,还可以建立良好的亲子关系,责任心也会得以加强。在具体操作上,首先父母要觉得劳动是快乐的，让孩子觉得做事是开心的；同时，只要孩子做了，不管孩子做得怎么样，都要表扬孩子做家务的行为，只有孩子越来越想做事情，才会越来越有责任心。

第三，家长以身作则，树立正面榜样。

教育家陶行知曾说过："我要儿子自立立人，我自己就得自立立人；我要儿子自助助人，我自己就得自助助人。"同样，要培养子女的责任心，家长首先就要爱岗敬业，有强烈的责任感和事业心，因为父母是子女的第一任老师。父母在生活中所表现出的责任感，是孩子最先获得的责任心体验。父母务必以身作则，给孩子树立良好的榜样：答应了孩子的事情就要按时兑现，为自己的承诺负责；自己做错了事就必须向孩子认错，并主动承担事情的后果。

"律人必先律己。"想让孩子尊老爱幼，那家长在公众场合就要主动给老人让座；想让孩子爱护环境，那家长自己就应该把垃圾放进垃圾箱，不乱扔，不乱丢……通过言传身教，孩子能够看在眼里、记在心中、模仿在行为上。

第四，好父亲是儿子最好的榜样。

男孩对男性的认识，是从父亲开始。父亲的一言一行、举手投足，孩子都会自动地观察和模仿。父亲的男子汉气概，是男孩对男性的最初理解。父亲身上特有的男性气质，比如刚毅、勇敢、自制、责任感等，都会被孩子看在眼里、记在心上、内化在行动中。

第五，抓住机会，培养孩子乐于助人的品质。

锻炼孩子责任心的另一个有效方法就是培养孩子助人为乐的优秀品质。在日常生活中，家长要善于抓住教育契机，多给孩子乐于助人的机会，让孩子有长大的自豪感、自我实现的价值感和助人的快乐感。比如外出购物时，妈妈可以适当示弱说自己提不动东西了，需要孩子帮忙；在小区看到邻居在搬运东西时，可以鼓励孩子主动上前帮忙。

拓展读吧

有一个男孩踢足球时，不小心打碎了邻居家的玻璃。邻居向他索取12.5美元的赔偿金。在当时，12.5美元可是笔不小的数目。

闯了大祸的男孩向父亲承认了错误，父亲让他对自己的过失负责。

男孩为难地说："我哪有那么多钱赔偿给人家？"父亲拿出12.5美元说："这钱可以借给你，但一年后你要把钱还给我。"

从此，男孩开始了艰辛的打工生活，经过半年的努力，他终于挣够了12.5美元这一"天文数字"，把钱还给了父亲。

这个男孩就是日后成为美国总统的罗纳德·里根。他在回忆这件事情时说：通过自己的劳动来承担过失，使我懂得了什么叫责任。

第四辑　心理品质提升是孩子成才的基石

50. 如何培养孩子的抗挫能力

家长来信

我和老公本来就很喜欢女儿，再加上"穷养儿，富养女"的观念，我们对女儿很是溺爱，她的任何要求只要是我们能做到的基本都会满足。女儿上了初中后越来越以自我为中心，在学业上、人际交往上遇到一点小事情她就会发脾气、大哭大闹，总是希望我们去帮她解决。第一次参加班干部竞选时，自信满满的她落选了，她哭了很久，还埋怨我们没有帮她想办法，她觉得竞选很不公平。班主任也反映她的耐挫力太差了，一点不如意就又哭又闹，之前老师在课堂上批评了她，她就说不想去上学了，后来做了大量的工作才把她劝回学校。班主任要我们家长教育，不要再惯着她，说再惯着她会害了她，这时候我们才认识到了问题的严重性，可对如何培养孩子的耐挫能力，我们很茫然，请求老师的指点！

原因解读

青少年心理健康问题具有隐匿性与突发性、多元性与单一性、无知性与盲目性的特点，所以青少年时代是冲突与事故的多发时期，也是挫折感最强烈的时期。信中的孩子耐挫能力比较弱主要有以下几方面的原因。其一，正好是处于自我中心时期，她会觉得全世界都在关注自己，从而沉浸在自己的世界里。

青春期的孩子容易情绪化，父母在与这个时期的孩子对话时要特别注意技巧和方式。其二，社会的快速发展和家庭生活水平的显著提高为青少年提供了优越的物质环境，使他们面对挫折的机会大大减少，抗挫折意识也大为淡化。其三，父母过多的包办和宠溺会让孩子的抗挫力大大下降。而抗挫折的能力不是与生俱来的，是需要后天培养的，所以父母要加强对孩子这方面的培养。

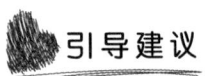 引导建议

第一，坦诚表达，进行双向沟通。

家长坦诚地与孩子进行交谈，说明之前自己的想法及为什么之前对孩子宠溺和顺从，但是现在经过学习和实践发现要改变原来的教育方式，所以以后不会什么事情都顺着孩子，但还是会一起商量决定。同时也表明父母一直是爱孩子的，只是要以更加理智和成熟的方式去爱孩子，学习理解孩子的感受和想法，与孩子一起努力改变现状。

第二，父母以身作则，为孩子树立战胜挫折的榜样。

父母想让孩子成为什么样的人，要先以身作则，做榜样给孩子看。只有这样，父母的教育、引导才会带来真正的效果。而且榜样应该是具体的而不是空洞的，是孩子努力就可以达到的而不是高不可攀的。

第三，接纳孩子，为孩子成长提供无条件的支持。

在孩子经受挫折的那段时间，可能情绪很不稳定，会反复发脾气，家长要学着接纳孩子，让孩子感受到父母永远是自己心灵的依靠，家庭永远会给予其慰藉，不管遇到多大的挫折，家人都会默默地支持他们，不管外界的评价是怎么样，在父母心中孩子都是有很多闪光点的。父母多关注过程，不要太在意结果，避免给孩子带来焦虑和不安。

第四辑 心理品质提升是孩子成才的基石

拓展读吧

初中毕业后,儿子跟着父亲做起了木匠。由于没有考上高中,儿子的情绪十分低落,感到前途渺茫。

一天,儿子在学刨木板,刨子在一个木结处被卡住,怎么使劲也刨不动。"这木结怎么这么硬啊?"儿子不由自言自语。"因为它受过伤。"在一旁的父亲插了一句。"受过伤?"儿子不明白父亲话里的含义。"这些木结,都曾是树受过伤的部位,结疤之后,它们往往变得最硬。"父亲说,"人也一样,只有受过伤后,才会变得坚强起来。"

父亲的话让儿子心头一亮。第二天,儿子放下了刨子,要求回学校读书。

51. 孩子攀比心重，怎么办

家长来信

我和老公都出生在农村，那时候的物质条件不好，我们都是通过努力读书跳出"农门"。后来有了女儿，我跟老公都把她爱如珍宝，不想让孩子再吃我们吃过的苦。从孩子出生的时候，我就自己省吃俭用，什么都给女儿买好的，但是我发现越来越不对劲了：女儿现在读初中，她在物质上面喜欢与别的同学攀比，如果不是大牌的衣服，她不肯穿，用的东西也一定要是名牌产品。她有时候还嫌我穿得老土，说她爸爸的车子旧了。我们属于工薪阶层，对她越来越高的物质要求真的承受不起了。现在她交的朋友都是那种家庭条件比较好的。更糟糕的是她对学习也不上心，哪怕明天要考试，都不如她明天要穿哪件衣服重要。面对这样的情况，我该怎么办？

原因解读

在社会处于急速发展和变革的时代，人们生活水平提高了，成年人的世界里存在着比较严重的攀比现象：比房子、车子、票子、妻子、孩子，甚至同学聚会都演变成各种炫富和攀比。在这样的大环境下，孩子也深受其负面影响：小到文具、服饰上的攀比，大到父母开的车子、父母职位的攀比，校园里暗涌的攀比现象愈演愈烈。

造成信中孩子的攀比心比较重的主要原因有以下几个方面。其一，随着年龄的增长，女孩子审美意识也在增强，受爱美之心的驱使，加上这个年龄阶段会特别在意别人对自己的看法，希望能吸引更多的目光，就会表现出讲究穿戴打扮的现象。其二，孩子在成长中缺乏自信，内在的虚荣心在作怪。其三，学校的环境与同伴的行为也会对孩子产生一定的影响。在孩子的思想还没有完全成熟前，如果处在一个攀比成风的环境里，孩子是非常容易受到影响的。其四，受家长不科学的家庭教育影响最大。家长在明显的不健康的补偿心理作用下，不顾自身家庭经济的实际情况为孩子无原则地提供高档用品，这本身就反映出家长自身的一种攀比心理。这种过度满足孩子的做法，让孩子形成了一种惯性思维：父母就该满足我的需求，我的一切要求都是合情合理的。孩子不懂得体谅父母的不易，更不懂感恩，只会索取和要求。

引导建议

第一，努力修正不合理的认知和做法。

孩子将来是否成才不取决于家庭的社会地位的高低和经济条件的好坏，而与家教、家风有着更直接的联系。只要家长在尽职尽责地经营家庭、教育孩子，与孩子共同成长，就能帮助孩子成长和成才。即使经济条件一般，家长也无须感到歉疚，更不需自己省吃俭用让孩子吃穿用等消费水平高过父母，这样做反而会助长孩子的虚荣心，不利于孩子长期的健康成长。

第二，理解孩子，引导孩子学会审美。

首先家长要理解青春期女生的爱美之心，甚至有一点虚荣心也不是什么大问题，关键是需要引导孩子清楚地认识自己家庭的经济情况，并鼓励孩子通过自身的努力去获取自己想要的东西。家长需要告诉孩子：美的表现形式是多种多样的，适合自己的着装打扮才是美的。家长要适时引导孩子从自然美、艺术美中去感受真正的美，学会审美，不断提升自己的审美意识和审美能力。家长更应以自身内在的精神气质美与外在大方得体的穿着美为孩子做出榜样。

第三，发掘孩子的自我价值，帮助建立自信。

每个孩子都是独一无二的，他们身上或多或少都有与众不同的价值，家长需要擦亮眼睛去发掘和发现，教孩子认识到自己有别于他人的长处，并帮助他们在学习中和生活中收获成功的体验，帮助其建立起自信。自信的孩子能够管理好自己，不容易受环境和他人的影响；能够勇敢做自己，坚持自己认为对的事情。

拓展读吧

约翰·洛克菲勒是19世纪第一个亿万富翁，尽管他财力雄厚，但从不在金钱上放纵孩子。他对儿女们的日常零用钱控制非常严格，因为他认为富裕家庭的子女比普通家庭的子女更容易受物质的诱惑。

洛克菲勒根据孩子的年龄来分配零用钱：七八岁时每周30美分，十一二岁时每周1美元，12岁以上者每周2美元，每星期发放一次。同时，他还给每个孩子发个记账本，要他们把每笔支出都详细地记录下来，到领钱时交给他审查。钱账清楚、用途正当的，下周还可递增5美分，反之则递减。同时，孩子们做家务还可得到报酬，补贴各自的零用钱，这让他们认识到：只有劳动，才会有收获。

52. 孩子嫉妒心强，怎么办

家长来信

我家女儿有一个好朋友，两个人常常一起上下学。可是最近这段时间，女儿每天早上都是自己一个人去学校，也不再提及好朋友的事情了。

我问她怎么回事，原来最近班上的男生私下搞了个"班花评选"活动，好朋友被评为了"班花"，还在最近的考试中超过了一向成绩领先的女儿，由此班主任让好朋友当了副班长，现在好多同学都围着她转。女儿心里不是滋味，很嫉妒她，就不和她来往了，现在甚至还说她的坏话。孩子嫉妒心这么强，看到别人的进步就排斥和疏远，我不知道该怎样和女儿去沟通？

原因解读

孩子为什么会出现嫉妒的心理和行为呢？

其一，社会环境是学生心理发展的重要影响因素。比如说从来信中，我们可以看到同学们欣赏女儿那个外貌出色和学习成绩好的好朋友，可能在平常的学习生活中更愿意接近她，这就使得相貌、学习没有那么出众的女儿自惭形秽，出现情绪低落、消沉，产生自卑感和嫉妒心。其二，学校教育对孩子人格的健康成长也有十分重要的影响。在应试教育的模式下，分数高低成为一些学校和老师评价学生优劣的重要依据。长此以往，很容易给学生造成心理落差。

其三，家长的教养态度对孩子人格形成也有直接联系。家长对子女的要求过高、管教过严，总喜欢拿别人家的孩子和自己孩子做比较，那么孩子很可能看不到自己的优点，自尊心、自信心受到伤害，久而久之便会产生自卑、胆怯、嫉妒等心理行为。其四，由于初中生的道德认识正处于形成过程中，缺乏道德评价能力，有些家长和孩子错误地将属于嫉妒性质的争强好胜理解为追求上进，反而对嫉妒行为加以鼓励，这也会助长孩子的嫉妒心理。

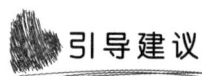

引导建议

第一，纠正孩子的错误认知。

嫉妒心的产生往往是由错误的认知引起的，通常会认为别人取得了成就便是对自己的否定。纠正孩子的这种错误认知，要给孩子树立这样的观念：既要学会为别人的进步而高兴，又要增强通过自身努力赶超别人的竞争意识。

第二，不过分强调负面的影响。

孩子会通过观察大人的做法来塑造自己的行为方式，因此当你发觉孩子有嫉妒心理的时候，不要严加批评指责，更不要冷嘲热讽。在表示理解其情绪的同时，不要过多强调孩子的感受，更不要指责受到妒嫉的对象，否则不但会进一步刺激孩子的嫉妒情绪，还会导致孩子养成动辄归咎于他人的坏习惯。

第三，帮助孩子正确认识自己。

每个人都有自己的优势和劣势，家长应帮助孩子找到自己身上的闪光点，比如在绘画方面的天赋、舞蹈方面的特长等，让孩子知道每个人都有值得赞赏的地方。专家指出，当孩子为自己感到骄傲的时候，他们就更容易接受别人在某方面得到比自己更多关注的事实。这种自信不但可以帮助孩子克服嫉妒心理，还有利于他们塑造自我。

第四，家长要树立正确的教育观，尽量不要拿孩子与别人做对比。

现在很多家长对孩子期望很高，给孩子带来很大的压力，孩子取得好成绩时，极力表扬，而一旦考试成绩不理想，则会严厉批评，以致某些孩子看到别人比自己强就产生嫉妒心理。

因此，当孩子在某一方面做得不好时，尽量不要拿别人来做比较，即使家长的本意是想激励孩子，树立榜样，但却让孩子感受到父母对自己的否定，从而产生对他人的嫉妒。

拓展读吧

某天，有一个天使来到农庄的一对老夫妇的家中，对他们说："由于你们的纯真善良，上帝决定帮助你们实现三个愿望，但是有一个前提，无论你们许下什么愿望，你们的邻居也会同时得到双倍的赐福。"

老夫妇听了很高兴，便说："给我一座小山似的现成稻谷，这样今年我们就不用耕种了！"第二天一早，果然，他们门前堆了一座小山似的稻谷，老先生兴奋极了！但想想谷仓一定不够放，便准备到镇上买木材以扩建谷仓。

才出门就碰到他的邻居手舞足蹈地说："哇！今天我家门前突然多出了两座小山似的稻谷，我今年、明年都不用耕作了！"顿时，老先生一阵妒意涌上心头，巴不得眼前这个邻居马上从视线中消失。

一周后，天使又来了，老夫妇于是又许下第二个愿望，他们对天使说："我们希望上帝能赐给我们一个可爱的宝宝。"他们果然生下了一个孩子，正准备告诉亲朋好友这个好消息，不料出门就遇到邻居兴奋地说："我太太生了！真没想到我们会有一对双胞胎呢！"

老夫妇听了心里很不是滋味。那天晚上，天使再度到访，要他们说出第三个愿望，老先生愤怒地说："我要求上帝砍掉我的一条手臂！"天使吓了一跳！老先生接着恨恨地说："我要让隔壁那个家伙双手尽失，一辈子不能做事，哈哈。"

后来，天使并没有帮他实现这个"愿望"，而老先生的嫉妒心也让他白白浪费了一次实现愿望的机会。

53. 孩子自卑，怎么办

家长来信

我女儿现在上七年级，性格文静、不善言谈，脸上常挂着浅浅的笑，同学们对她也友善，但孩子的内心却有这样的苦恼：课堂上不敢举手、不敢站起来发言；平时不敢尝试自己没有绝对把握的事情；下课也想像其他同学一样有说有笑，但不敢主动去和同学玩耍，害怕被拒绝；不敢当众表达自己的看法，特别在乎别人的评价，常感觉大家有点瞧不起她，总觉得自己什么都不好……这些感觉让她很不开心，快要期中考试了，孩子对成绩也没把握，越发着急。我们该如何帮助孩子走出自卑的阴影？

原因解读

自卑即"自以为卑"，是一个人对自己能力和品质等过低评价，是一种消极的心理状态，也是一种性格上的缺陷。自卑感并非与客观事实相符的情绪体验，而是主体的一种主观感受。自卑感强的孩子往往敏感多疑、自怜自哀，看不到自己的长处与优点，处处感到不如别人，甚至对那些稍加努力就能做成的事情也会自叹无能而轻易放弃。

从信中可以看出造成孩子自信心不足的原因包括：其一，不善言谈，缺乏与人交流的能力；其二，过于在乎他人的看法和对自己要求高的性格容易带来

第四辑　心理品质提升是孩子成才的基石

人际交往中被动和受挫；其三，因受挫经历多而自信心受损，形成恶性循环，陷入自卑的旋涡难以自拔。

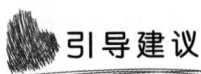 引导建议

很多孩子在成长过程中都不同程度地存在自卑心理，有的孩子能通过自我调整来克服，而有的孩子由于自身性格或际遇的不同需要一点外来的帮助或指导，下列方法可供家长参考。

第一，父母静心下来寻找原因。

自卑的性格一般是从小就开始形成的，而形成的原因也较复杂，主要有以下几种：孩子经常受到批评和指责，父母过度包办、替代和保护孩子，父母对孩子要求过高，孩子常受到他人的欺负、歧视或遭受其他挫折等。父母只有基本弄清楚了造成孩子胆小自卑的主要原因后，引导和教育孩子才会更有方向感和针对性。

第二，父母每天坚持做"日念优点"的练习。

父母每天在便利贴上把孩子的一个具体优点或当天某一方面的进步写下来，张贴在全家人都能看得到的地方，比如客厅的某面墙上，为孩子打造一个正能量的家庭气场，为孩子的心灵注入力量和希望，推动孩子的改变和成长，以此增强孩子的自信心。

第三，协助孩子重新认识自己，找到自我价值感。

自卑的孩子往往过于关注自身的短处，常以己之短与他人之长相比，结果越比越缺乏自信。父母要帮助孩子正确看待自己现在的短处，同时认识到自身的优势，让孩子看到成功的希望，建立自信心。另外，让孩子坚持每天写日记，发现和记录自己每天的点滴进步或潜在的长处，逐步获得成就感，强化"我能行"的意识。

第四，为孩子创造交友机会，提升孩子交往能力。

父母根据已有的资源，利用生日聚会、外出活动等机会让孩子与同学、邻居等年龄相仿的伙伴一起交往，在交往过程中给予相关的指导和有针对性的建议，鼓励孩子积极参与交往活动，体验、反思和总结交友的技巧，努力提升自身交往能力。

拓展读吧

据气象台的天气预报，最近将有台风袭击一座海滨小城。小城里的百姓顿时惊慌起来，积极地投入防范台风的工作中。

一位母亲正在忙碌着，旁边站着她的小女儿。"这该死的台风……"母亲一边收拾东西，一边诅咒。"我喜欢台风。"旁边的小女孩却不同意母亲的说法。母亲感到很诧异，因为台风破坏力极强，毁坏庄稼、吹倒房屋、阻塞交通，给人们生活带来巨大的不便并造成严重损失，可眼前这个小不点儿居然说她喜欢台风。"孩子，告诉妈妈，你为什么喜欢台风？"母亲小心翼翼地问。"上次台风来了，就停了电。"小女孩不假思索地回答。

"停了电又怎么样？"

"晚上就会点蜡烛。"

"你喜欢点蜡烛吗？"

"是的，那回（指上次台风过境的晚上）我拿着蜡烛走来走去，你说我像小天使。"

母亲顿时无言，旋即放下手中的活计，抱起小女孩，亲吻着她的小脸蛋，凑近她的小耳朵并说了一句话："孩子，你永远是天使！"

第四辑　心理品质提升是孩子成才的基石

54. 孩子有暴力倾向，怎么办

家长来信

我儿子现在上小学三年级，我发现这孩子在和他人相处上很有问题。上周班主任跟我反映，说孩子在班上因为同学不小心摔坏了他的铅笔盒，竟然拿东西砸别人。我赶紧到学校了解情况，结果班主任说孩子平常在学校里就表现出比较自私、固执、任性妄为，对同学常有暴力行为。其实不仅在学校，在家里也是一样，他不允许家里人动他的东西，如果不小心惹到了他，就大发雷霆，乱发一顿脾气。面对孩子存在的暴力倾向，我们家长该怎样引导呢？

原因解读

孩子的行为是其内心世界的一种折射，对具有暴力倾向的孩子，父母需要高度警惕。

有暴力倾向的孩子往往具有典型的个性特征，比如固执、任性、狭隘、唯我独尊、凡事不愿意吃亏、多疑、自私、冲动、行为控制力差等。这些个性不仅很难适应人际交往的需要，而且还会给自己未来的生活和学习带来诸多负面的影响。

孩子形成暴力个性的原因很多，有先天的因素，也有父母的养育方式和教育风格的影响。其一，先天的因素主要是气质方面，有的孩子性情急躁，精力旺盛，脾气来得快、去得也快，但是情绪强烈而多变、难以控制，易被激怒，属于典型的"胆汁质"特点。其二，孩子形成暴力的行为习惯可能与抚养人的养育方式有关。有的父母对待孩子一味迁就和纵容，导致孩子任性妄为，行为暴虐。还有的父母对孩子"以暴制暴"，处理问题的方式简单粗暴，不听话就揍，一言不合就打，对孩子内心的负面情绪则一味压抑或忽视，当孩子内心的愤怒无处表达时，就可能会通过模仿暴力行为来宣泄心中积压的负面情绪。

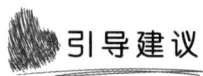

引导建议

第一，避免独裁型的教养方式。

不倾听孩子的心声、不关注孩子的想法和意见的独裁型教育方式很容易让孩子受挫，使其长期积压愤怒和不满。尤其是孩子经常被父母体罚，不仅身心受到严重损害，而且容易从父母的负面行为中习得错误的解决问题方式，从而导致缺乏同理心，行为具有攻击性和暴力性。因此父母应该努力避免这种错误的教养方式，采用民主、平等的教养方式帮助孩子养成良好的行为习惯。

第二，接纳孩子的情绪，培养孩子情绪管理的能力。

根据"挫折—攻击"理论，人在感受到挫败时或需求得不到满足时，往往会产生愤怒的情绪，由此对他人甚至自己采取攻击行为。很多孩子的暴力行为，其实都是愤怒情绪下的不当表达方式。

情绪本身没有对错之分，只有表达方式的合宜与否。这就需要父母去接纳和倾听孩子的情绪，并在倾听的基础上引导孩子学会合理地表达和释放自己内心的情绪。父母也可以给孩子一些示范，如通过暂时离开、运动、倾诉、沟通等方式来管理自己的情绪。

第三，多给孩子创造与人合作的机会，培养孩子的同理心。

同理心是指设身处地地理解他人的情绪和情感，并将这种理解传递给对方的能力。孩子的同理心与生俱来，但是受后天教育的影响也很大。如果父母的共情能力很强，能够及时感受到孩子内心的负面情绪，并做出积极回应，则孩子将逐渐学会体贴和关爱他人，对他人的情绪感同身受，对他人更为友善。

 拓展读吧

木桩上的钉子

某个地方有一个男孩子，他脾气很坏，不高兴的时候就喜欢欺负别人，为此给身边的人带来了很多伤害。他的父亲很担心他，就给了他一袋钉子，告诉他，每次发脾气或者跟人吵架的时候，就在院子的篱笆上钉一根。

第一天，男孩钉了37根钉子。后面的几天他逐渐尝试着控制自己的脾气，每天钉的钉子也慢慢减少了。他发现，控制自己的脾气，实际上比钉钉子要容易得多。

终于有一天，他一根钉子都没有钉，他高兴地把这件事告诉了爸爸。爸爸说：从今天开始，如果你一天都没有发脾气，就可以在这天拔掉一根钉子。日子一天一天过去，最后，钉子终于全被拔光了，男孩子很高兴，他也有了一些自己的朋友。

他高兴地带爸爸来看一根钉子都没有的篱笆，爸爸拍拍他的肩膀，对他说：儿子，你做得很好，可是你看看篱笆上的钉子洞，这些洞永远也不可能恢复了。

对别人造成的伤害也是一样的，在心里造成的伤口，就像钉眼一样，即使时光流逝，努力获得了别人的原谅，伤口总是在那儿。

55. 孩子有习惯性自残行为，怎么办

家长来信

我的儿子今年上八年级，性格比较内向，最近回家便一言不发，问他发生什么事了也不回答，送他去上学他就说头疼甚至哭闹。他在学校用头撞墙，手指上也有用小刀割出来的一道道伤口。我们平时缺乏必要的沟通，看到他这样我很心疼，又不知道该怎么办。后来我和班主任交流后发现，儿子是因为在学校受到同学的欺负，又没有想到更好的途径解决问题，才选择用自残来释放内心的痛苦和压力。对那些欺负儿子的学生，班主任已经采取措施对他们进行了教育和惩罚，班上也没有人再欺负他了，可他现在只要心里觉得烦躁难受就会出现自残的行为。我和他爸爸平时工作都很忙，对他关注太少，真的不知道该怎么办了。

原因解读

有心理学家曾提出：在人与人发生冲突或个人遇到严重挫折时，自我价值将受到严重威胁，从而使人产生愤怒、焦虑、痛苦、孤独、无能为力和绝望的感觉。这时候，人体内的自我保护机制将被调动起来，在正常情况下，人将会通过攻击性行为来宣泄和缓解上述情感危机。然而，也有一些人因为攻击被阻滞或转向了自我，他们所陷入的情感危机不但不能得到缓解，反而愈加严重。

于是，他们便会用自我伤害的方式去麻痹痛苦和逃避烦恼。也就是说青少年自残是因无法处理内在复杂情绪，进而使用身体的痛苦来外化与应对。

真正导致青少年不断用自残的方式应对外界的压力、痛苦、挫折等情况的原因在于：其一，青少年对烦恼没有形成合理的归因，自残的孩子在遇到问题时往往认为是自己不够好，而这种负面认知源自孩子对自己的负面评价，他们常常没有自信，认为自己没有能力应对问题；其二，缺乏家庭温暖和良好人际关系的青少年，往往会因为社会支持系统不完善，失去求助的欲望，从而一次次陷入无助之中，自残行为成为蒙蔽其真实感觉的短时"止痛药"。

引导建议

第一，给予孩子足够的关注和陪伴。

作为父母应该密切关注孩子的生理和心理变化，在他们遇到困惑的时候及时进行正确的引导，帮他们走出心理的泥潭。如果家长没有注意到孩子的这些变化，对待孩子凭自己的主观判断，采用包办、干涉甚至指责的方式，往往会导致孩子出现叛逆、反抗或者厌烦的情绪，这种情绪日积月累就会导致更加严重的心理问题。建议家长学会共情，与孩子建立良好的亲子关系。当我们发现孩子的自残行为时，应当表示足够的关注，尽可能地去体会孩子的心情，获得孩子的信任，为孩子提供良好的社会支持系统。这样才有可能了解到孩子自伤行为背后的深层原因和需求，有利于帮助孩子缓解紧张、抑郁的情绪，减少自残行为。

第二，给孩子提供更好的解决问题的途径和方法。

孩子发生自残行为，很多时候是因为没有找到更好的发泄途径和方式。家长可以引导孩子寻找一些科学合理的发泄途径，比如跟孩子一起读书、唱歌或者进行体育活动等，这样在面对压力时孩子能够将发泄对象从自己转移到外界。最重要的一点，要告诉孩子：我们在生活中遇到压力和困难是非常正常的事情，与一个人优秀不优秀没有关系，不要将错误完全归结于自己。

第三，给孩子提供足够的支持力量。

不管遇到什么困难，家长的理解和陪伴对孩子来说都是最好的支撑力量。孩子能感受到周围人给予的温暖，就不会那么轻易地做出伤害自己的极端行为，他们会更倾向于向周围的亲朋好友求助，寻找解决问题的更好方法。

拓展读吧

关于青少年自残行为，家长应该了解的几件事：

1. 美国心理健康协会统计数据显示，青少年常见的自残方式包括刀割（占70%～90%）、碰撞（占21%～44%）和烫伤（占15%～35%）。

2. 2018年英国剑桥大学发展精神病学院在对青少年"非以自杀为目的的自残行为"的研究中发现：家庭功能低下，成为青少年自残的重要原因。提高家庭功能可以有效地降低青少年自残比率，以家庭为核心的心理治疗可以降低青少年自残比率。

而提高家庭功能，我们可以这样做：

1. 晚饭后，一家人整整齐齐在一起聊天。

2. 家庭成员间有不同意见争执起来，各抒己见以后，能心平气和地接受对方的意见。

3. 睡前由爸爸或妈妈给孩子讲故事。

第四辑 心理品质提升是孩子成才的基石

56. 孩子有偷窃行为，怎么办

家长来信

我们家经济条件并不差，给孩子的零花钱也不少。可是我的大女儿从小学五年级开始有偷窃行为。一开始，只是偷一些卷笔刀、铅笔之类的小东西；后来她开始偷同学的钱，也会偷家里的钱。进入初中之后，这个问题更严重了，她居然还偷了老师放在办公室的钱。她偷的钱大部分都拿去买小说了，我们为此被叫去学校很多次，也与她沟通过很多次，但仍然没有什么效果。

我们是二孩家庭，大女儿今年读七年级，小女儿还不到两岁。大女儿比较内向，一般回到家就把自己锁在房里，我发现她会买一些网络小说看，我和她爸爸都怀疑是不是这些小说把她给带坏了。

我们现在很着急，不知道该怎么处理，怕太严厉的惩罚会伤害孩子自尊心，可是不及时制止又会纵容她的不良行为。

原因解读

孩子出现偷窃行为可以分为以下三类情况。

第一种是认知上没有将自己和他人的物品划分界线，这种情况大多出现在低龄儿童、智力缺陷人群和极度自我的人身上。在他们的认知概念里，只是拿了自己喜欢的东西，并不是在偷。这种情况下，只要对他们进行适当的认知上的教育，就能很大地改善和消除这种偷窃行为。

第二种是虽然认知上知道这是偷窃行为，但是因为自己某些物质欲望短时间内无法被满足，所以采用偷窃的方式满足自己。这一种偷窃属于行为问题和品行问题，需要通过教育和一定的惩罚手段来阻止。

第三种和第二种有些类似，孩子知道自己在偷窃，但是因为自己某些心理需求无法被满足，于是采用这种方式填补内心需求，以期获得心理平衡。这是心理异常的表现，需要家长去关注孩子，发现孩子内心的真实需求，才能真正解决问题。

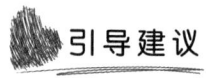
引导建议

第一，关注孩子内心需求。

孩子出现偷窃行为时，先不要急于指责，可以先了解一下孩子偷窃行为背后的原因，要关注孩子内心最深处的需求。

第二，确立原则，及时弥补错误。

一定要让孩子及早明白偷窃行为是错误的，应当让孩子自己归还偷窃的东西，并且为此道歉，承担相应的责任。千万不要觉得丢脸或者不好意思，如果不做这一步，孩子就可能经常以这些原因为借口实施偷窃，因为他知道不用承担什么严重后果，反而助长了孩子的偷窃行为。

第三，采用坚定而温和的惩罚措施。

虽然偷窃行为需要惩戒，但是不能以羞辱的方式对待孩子。家长可以用坚定的态度和温和的语气，先平静地向孩子说明原则和规范，指出偷窃行为是违背原则和底线的行为，要给他做相应的处罚，这包括当面道歉、归还东西并给予对方一定的补偿。

第四，不要随意给孩子贴标签。

即使孩子存在偷窃行为，也不能武断地给孩子贴上"品行不端""心理异常"等标签。孩子在犯下这样的错误后，需要家长给予更多的安慰和关注，才不至于因此变得自卑、退缩或引起其他严重心理问题。如果家长能够理性地接受孩子在成长过程中遇到的各种成长问题，就能以沉稳、冷静的心态面对孩子的问题，也能选择合适的方式帮助孩子在问题中成长。

拓展读吧

这是一则针对学生偷窃行为的辅导案例。这名学生是由她的班主任老师带到我这里来做咨询的，以下简称"Z"。

初见Z，她一直低着头、搓着手，给人感觉很内向又很不安。我说："听说你拿了别人的东西，我能问问你具体情况吗？"她点点头。可能我说话的方式比较客气，她一五一十地把每次的偷窃过程和心理状态告诉了我。

Z在描述自己的偷窃过程时语气和表情都十分平静，你看不出她的任何情绪，正如被偷钱的老师所说："她看起来一点廉耻心都没有了。"我还观察到她整个过程中一直在习惯性地吐口水，这个习惯也是从小学五年级的时候开始的。

于是我问她："你在五年级的时候发生过什么很难过的事情吗？"

她沉默了很久，最后哇地一声哭出来，边哭边说："五年级的时候爸爸妈妈生了妹妹，妹妹要什么他们都给，我要什么都很难，爸爸妈妈还要我带妹妹，可是我也是个小孩子啊！"我一边帮她擦眼泪，一边说："那你一定很委屈了。"她哭得更厉害了，继续说："每次我在学校做错事，爸爸妈妈被老师叫到学校之后回去就会骂我、教育我，只有这时候我们说的话才是最多的，平时我只能一个人看小说。"

后来在我的陪伴下，Z把藏在内心深处的话一点点倾吐给妈妈，妈妈泪流满面，她说从没想到Z心里会想这么多。父母两人对照顾妹妹及父母陪伴Z的问题有了更有效的沟通。

在学期快结束的时候，我听Z的班主任说，Z吐口水的频率减少了很多，班上也没有再发生过丢东西的情况了。或许，这是因为已经得到了她最想要的东西——父母的陪伴和关心。

57. 如何对孩子进行性教育

家长来信

最近一天晚上，我照例到正读小学四年级的女儿的房间和她道晚安，正要离开时，女儿拽住我，一脸认真地问我："妈妈，爸爸的'鸡鸡'是什么样子的？"毫无心理准备的我不知如何回答，好在脑子反应快，故作镇静地说："和你弟弟的一样。"谁知女儿听后，瞪着那双大大的眼睛对我说："不可能！妈妈你骗人！"我词穷了，只好迅速地逃离了女儿的房间，惊魂未定的我向正在卧室里上网的老公求助，听我说完，老公也是一脸的茫然……作为父母，我们该如何对孩子进行性教育？

原因解读

家长在用心陪伴孩子成长的过程中，相信或多或少都会遇到性教育的问题。比如，3岁的儿子问妈妈："你怎么没有'小鸡鸡'？我是从哪里出来的？"4岁的女儿指着爸爸的生殖器官问："爸爸，你那个东东是什么啊？"再比如有一天读初中的儿子问父母："初夜是什么意思？"

性，几乎伴随着人的一生，所以性教育是孩子的必修课。性教育首先是一种价值观教育、一种高尚的情感教育，性教育既是知识性的，也是技术性的。父母和老师都应该给孩子树立现代的情感观念，让孩子懂得爱的伟大、美好和珍贵。但在中国，性教育是一个千古难题，让许多父母与老师陷入尴尬的境地。由于对性的认识的偏差甚至歪曲，性教育一直是我国教育上的不足，而家长更是把性教育视为洪水猛兽，避而不谈，造成孩子对性的误解，从而导致当青春期来临时，他们不知所措，甚至犯错、受伤，出现一系列的性问题。

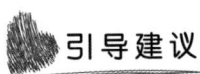 引导建议

如今，很多家长都意识到了对孩子进行性教育的必要，但有了认识未必就能带来正确的行动。事实上，家长的态度会直接影响孩子的行为，家长以何种态度对待性知识，将直接影响孩子对性的认识和相关的人格发展。

第一，以平常心来对待性教育。

父母需要储备必要的性健康教育知识，不要谈"性"色变，可以坦诚地告诉孩子性是美好的，并给孩子讲授基本的生理保健知识。在家庭里营造一种和睦、民主、相互理解和支持的良好氛围。

第二，用心关注孩子的性发育。

男孩的遗精、女孩的月经都是孩子青春期来临的重要标志，父母在此前后都要做好适当的引导，让孩子坦然面对身体的变化，并感受成长的喜悦和生命的力量。家长可以根据孩子的实际发育情况和成长需求，在家中和孩子坦诚交流关于性发育和性成长方面的问题与困惑。如果父母实在没有能力给孩子讲解性知识，也可以为孩子准备一两本性知识方面的科普书，同孩子一起学习和探讨。

第三，对孩子进行性教育时要注意以下事项。

1. 教育的态度：自然真诚。态度比内容更重要，父母不应回避性教育。家长谈性，自己内在的心态很重要，可以同谈别的事物一样坦诚自然。比如上述来信中母亲的处理方式不太妥当，实在遇到卡壳的问题，也可以真诚地告诉

孩子："妈妈现在不知如何回答你，等我明天告诉你，可以吗？" 2. 教育的内容：科学、客观。性教育应在孩子幼年合适的时期就开始进行，父母做好知识储备，科学施教。3. 教育的方式：尽量用孩子听得懂、能理解的方式。这需要父母用心根据孩子的成长发育节奏，因人因时因地灵活运用有效方法。

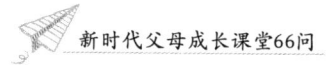

拓展读吧

科学研究发现，儿童对性的了解需要基本分为以下四个阶段。

1. 身体认识阶段（0~4岁）：询问身体器官的名称及区别等问题。

这个阶段的孩子处于婴幼儿阶段。这时他们的性心理发育往往具有两个特点：一是自发性，二是好奇性。随着年龄的增长和自我意识的萌生，孩子开始意识到自己的性身份和性角色。尤其是发觉自己和他人有差别之后，他们就会有意识地表现出对性的好奇和关心，也就会不断地提出各种关于性的疑问，比如：为什么妈妈的乳房很大，爸爸的乳房很小？为什么男的和女的要进不同的厕所？

2. 探索生命起源阶段（4~8岁）：询问生命起源及生育等问题。

此阶段孩子大多生活在幼儿园或者小学低年级，他们开始认识到自我的重要性，有非常敏锐的自我归属感。他们提问的重点主要是与"生命的起源"相关的一些问题。比如：我是从哪里来的？我是怎么生出来的？爸爸没有生我，我为什么要叫他爸爸？

3. 学习"性"知识阶段（8~12岁）：询问一些与性有关的问题。

这个时期，孩子已经进入了小学中高年级。由于智力快速发展，语言能力迅速增长，他们提出的纯粹与"性"有关的问题要远远多于前两个阶段。比如：为什么男生没有月经？什么是性梦？性骚扰是骚扰哪里啊？睾丸里装的到底是什么？叔叔阿姨进了洞房都干什么啊？

4. 爱的教育阶段（12~16岁）：询问一些与爱情、婚姻、性相关的事情。

在这个阶段里,孩子一般进入了青春期或者青春前期。这也是孩子身心发育最快的阶段,这时不仅孩子的身体迅猛发展,各种性征也渐渐出现,以生殖器官和第二性征明显发育为特征。这时,孩子往往会对自己的生理发育、第二性征及生殖器的大小和形状等产生疑问。因此,他们特别渴望得到性方面的情感解答。但他们的提问已经不像小时候那么直接,而是间接地、有策略性地提出来。比如:一个人老想看见另外一个人,这就是喜欢他吗?如果一个女孩的梦里老有一个男孩出现,这是不是不好的现象?什么样的爱情才是真正的爱情?

58. 如何正确对待孩子的自慰行为

家长来信

儿子目前读九年级，老师来电告知孩子最近上课无精打采、心不在焉，有时在课堂上也会睡着，学习成绩也下降了，老师找他谈话也没问出个缘由，我们也对此感到不解。直到有一天爸爸发现儿子房间的垃圾桶里有一团团的卫生纸，作为过来人的爸爸猜到了儿子有自慰的习惯，于是爸爸从儿子那里得知：儿子经常在睡觉前自慰，有时甚至在上课时也忍不住，谎称肚子不舒服上厕所解决，这两个月来，儿子常莫名地躁动不安，自己也无数次在心里骂自己无志气并下决心下次一定控制好，可每次关键时候又抵制不住诱惑了……我们该怎么去帮助孩子？

原因解读

自慰就是靠自己的能力来解决性胀满、宣泄性能量，满足自己对性的要求，并从性方面获得快感和慰藉，俗称"手淫"。"手淫"的叫法广为流传，但由于"淫"在中文含贬义，用来指代一种性行为方式有欠妥当，所以应该杜绝"手淫"的称谓，科学术语应该是自慰。

心理学研究表明，11～15岁的少年已经进入青春期。他们的下丘脑和垂体前叶迅速发育，并分泌性激素。这时期的少年有了性欲，常常表现出对异性的亲近和注意，当内在的欲望达到一定的程度时，他们会做出一些行为，"自慰"便是他们满足性欲的方式之一。

随着生殖器官和性腺发育的成熟，性冲动强度的增加，偶尔发生自慰行为是一种自然、安全、合乎情理的缓解性冲动的方式。自慰在青少年中是十分普遍的现象，但任何事情都不能过度，自慰行为亦如此。一方面，自慰容易因为不洁而造成生殖系统的感染；另一方面，频繁地处于性兴奋状态中容易损害神经系统的和谐，对于性的沉迷与放纵往往消解人的精神和意志，给身心带来伤害，从而影响正常的生活和学习。

引导建议

第一，客观、科学地看待自慰行为。

自慰不是一种不道德行为，更不是犯罪行为，自慰有害论的观点也开始日渐淡化。父母面对孩子的自慰行为，大可不必如临大敌，过度紧张和焦虑。

第二，以平常心主动和孩子交流和沟通。

孩子有自慰行为，不宜指责，更不能采用夸大、恐吓的办法，否则会加重他们的思想负担。家庭中最合适和孩子聊的人，一般应该是父亲。父亲要主动和孩子沟通，直面问题，传授科学的生理知识。

第三，用心陪伴和引导孩子。

和孩子交流后，要留意观察孩子的自慰行为。家长要有意识培养孩子广泛的爱好和兴趣，创造机会、搭建平台，鼓励孩子多参加集体活动，从积极健康且有益于身心发展的活动中释放性冲动，如体育运动、绘画、音乐欣赏等。此外，还要注意减少不良的性刺激，如让孩子杜绝阅览黄色书刊、登录黄色网站，尽量不涉足网吧和歌厅等娱乐场所，减少外来的刺激与诱惑；指导孩子养成良好的卫生习惯，经常清洗并保持私密处清洁。

拓展读吧

古希腊哲学家柏拉图带着他的学生周游世界，拜访了许多有学问的人，大家都增长了不少才干。在进城之前，柏拉图在郊外的一片旷野上坐了下来，对他的学生们说："经过几年的游历，在座的都已经是饱学之士。现在学业就要结束了，我们上最后一课吧。"

弟子们围着柏拉图坐了下来。柏拉图问："现在我们坐在什么地方？"弟子们回答："现在我们坐在旷野里。"柏拉图又问："旷野里长着什么？"弟子们说："旷野里长满杂草。"

柏拉图说："对，旷野里长满了杂草。现在我想知道的是如何除掉这些杂草？"弟子们非常惊愕，他们都没有想到，一直在探讨人生奥妙的老师在最后一课会问这么简单的一个问题。

一个弟子首先开口说："老师，只要有一把铲子就够了。"

另一个弟子接着说："用火烧也是很好的一种办法。"

第三个弟子说："撒上石灰，就可以除掉所有的杂草。"

接着讲的是第四个弟子，他说："斩草除根，只要把根挖出来就行了。"

等弟子们都讲完了，柏拉图站了起来，说："课就上到这里了。你们回去后，按照各自的办法除去一片杂草。没除掉的，一年后再来相聚。"

一年后，他们都来了，不过他们发现原来相聚的地方已不再杂草丛生了，它变成了一片长满谷子的庄稼地。弟子们在谷地前的空地上坐下，等待柏拉图的到来，可是柏拉图始终没有来。

几年以后，柏拉图去世，弟子们在整理他的言论时，在书的最后补了一章：要想铲除旷野里的杂草，方法只有一种，那就是在上面种上庄稼。同样，要想让灵魂无忧，唯一的方法就是用美德去占据心灵。

第四辑 心理品质提升是孩子成才的基石

59. 如何对孩子进行自我保护教育

家长来信

女儿是个好学的七年级学生。一个周日的早晨，她到离家不远的风光桥上边吹吹风，边背背英语。一会儿过来一个看起来文质彬彬的男子，他先是夸女儿英语发音很准，又说她长得漂亮……几句话说得单纯的女儿心花怒放，就把这个陌生人当熟人了，不知不觉中说了自己的很多情况。几天后的放学路上，她又"巧遇"那个男子，他凄惨地告诉她，他是来这个城市出差的，不幸被盗，已身无分文。善良的女儿信以为真，好感与同情心驱使她回家取钱，她要拿自己的600元压岁钱捐给这个男子。正好爸爸在家，女儿的话让爸爸半信半疑，当她领着爸爸刚一露面，那人却打车一溜烟跑了……虽然最后有惊无险，但现在我们想起那件事，都还心有余悸，我们该如何教育孩子更好地保护自己呢？

原因解读

青少年处于人生的花季，他们探索人生，畅想未来，对周围的一切充满好奇。但是，他们思想单纯，缺乏足够的社会经验，所以分析判断能力还不成熟，特别是女孩的心理弱点，如天真、单纯、善良、轻信等，容易让坏人钻空子。而青少年受到的侵害是来自各方面的，其结果不仅造成身体方面的伤害，而且还有心理和精神方面的伤害,严重的还会侵害生命安全。在日常发生的未成年人被伤害的事件中,总结主要原因在于大部分孩子及其家长对自我保护方面的关注和重视不够,孩子缺乏自我保护方面的知识和技能。

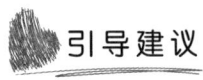
引导建议

第一,教育孩子增加安全意识,养成良好的行为习惯。

从生活的细微处做起,增强安全防范意识:不贪小便宜,不随便接受别人的东西;晚回家或有什么特殊事情,要打电话告诉家人;不随便与陌生人搭讪,不泄露自己及家庭的情况。另外,对网上交友要特别谨慎,拒绝浏览不良信息网站,要学会保护自己的个人信息,不要轻易与网友约会。

第二,教会孩子提高自我保护技能,并学会求助。

家长平时对孩子进行必要的自我保护知识和技能教育。告诉孩子上学和放学不走偏僻的地方,最好结伴而行;不单独到荒凉、灯光昏暗的地方;增强是非辨别能力,善于识破坏人的阴谋,如欺骗、引诱、教唆等;学会拒绝,敢于说"不";学会防卫,防备他人对自己的侵害。如发现有人尾随时,尽快脱身,实在脱不了身,要巧妙保护自己,尽量往人多的地方跑,想方设法与公安部门联系,寻求保护。

第三,引导孩子做一个自爱自强的人。

要引导孩子不断加强自身修养,在任何时候、任何情况下,坚定信念,相信邪不压正,做个坚强而有智慧的人。在成长过程中,要不断学习,追求自我成长和完善,做一个气质高雅、充满活力、积极向上、自尊、自强、自信的新时代人才。

拓展读吧

为了有效地保护自己，青少年应该学习和掌握自我保护最重要的八个方法。

1. 记住可信赖的成年人的名字、电话，这样在遇到侵害时，可以及时寻求他们的帮助。

2. 学会拒绝不正当要求，坚决不与坏人坏事同流合污。

3. 独自在家时，不要给陌生人开门。如有人撬门扒窗，应立即大声呼救或电话报警。

4. 如在路上遇到陌生人尾随，应想办法跑到人多的地方，或者躲避到单位、居民家。

5. 迷路走失后，应及时报警，或者打电话给自己最信赖的人来接自己，不要向其他陌生人求助。

6. 上学、放学时，应与同学结伴而行。

7. 遭到坏人绑架、劫持、伤害等暴力侵害时，要大声呼救，并根据情况决定是否反击。如果坏人过于凶狠，一般不要与其硬拼。这时要镇静、机智地与之周旋，以寻找机会脱身并报警。

8. 遭遇违法犯罪行为侵害时，及时报警，并记住坏人的身体特征和其他线索，以有利于公安机关破案。

60. 孩子总爱照镜子，怎么办

📩 家长来信

我女儿今年14岁，漂亮而文静，白皙的脸庞上的一对小酒窝人见人爱，在班上各科成绩处于中上水平，加上性格温和，善解人意，深受老师和同学的喜爱。近段时间来，我发现女儿特别爱照镜子，出门前一定要到镜子前检查一下衣服是否穿好，搭配是否协调，头发是否梳好，有时还会与镜子中的自己亲密地对话、扮鬼脸、卖萌等。更糟糕的是，老师来电反映女儿上课时常把小镜子、小梳子放在文具盒中，常常趁老师不注意偷偷地照一照、梳一梳……作为父母，我们该如何帮助女儿改掉这个不良行为？

✏️ 原因解读

爱美之心，人皆有之，对处于青春期的中学生也不例外。进入青春期的学生，身体外形发生了较大的变化，性意识、成人意识增强，因此格外关注自我，注重自己的体形外貌，努力使自己的仪表能够跟上潮流，给别人留下良好的印象。照镜子成为孩子进入青春期的一个比较常见的行为，特别是女生。忙碌的家长往往没及时重视或处理不当，错过教育的好时机。有的家长视而不见；有的家长即使看见了，认为是个小问题，任孩子自由发展，由在家照镜子发展到身上带一个小镜子，不分时间和场合地照镜子；有的家长简单粗暴地指责:"照照照,只知道照,照了还不是老样子,臭美有什么用!"这些不正确的方式很难产生良好的教育效果,反而伤害了孩子的自尊,破坏的亲子关系。

引导建议

照镜子本身是生活中一种常见的行为,注重仪表也是关爱自己、尊重他人的表现。但是凡事皆有度,过于频繁地照镜子则会带来一些不好的影响,这就需要家长给予恰当的指导和教育。

第一,先理解和接纳,切忌挖苦和嘲讽。

青春期是一个敏感的时期,随着体形的发育,孩子的心灵也在向上生长,开始注重仪表是否得体。尤其是女孩子,她们的爱美不是虚荣心作祟,而是青春期出现的正常心理现象,所以父母需要理解和接纳孩子的行为。同时,这阶段孩子的心理也很脆弱,父母切忌挖苦和嘲讽,也许父母一句不经意的话语就会伤了他们的心。

第二,真诚倾听,找到孩子爱照镜子的真实原因。

找到恰当的机会,和孩子真诚地沟通和交流,倾听孩子喜欢照镜子的心理感受和想法,有针对性地根据孩子的情况进行适当引导。

第三,提高孩子的自控和自律能力。

与孩子友好、坦诚地探讨频繁照镜子的弊端,根据孩子的实际情况,同孩子一起找到调整和改善的具体做法,并落地执行。比如:逐渐减少照镜子的次数,做到外出时不随身带镜子;转移孩子注意力,寻找有益的"替代行为";等等。

第四,培养孩子的自信心。

家长要明白:照镜子只是表面现象,深层次的原因可能是孩子的自信心不足。所以家长需要在和孩子的相处互动中,多角度、全方位地发现孩子的优点和价值,并通过语言、肢体动作等源源不断地鼓励和肯定孩子,让孩子内心充满阳光和自信!

第五,提升孩子的审美情趣。

与孩子一起探讨人生不同阶段面临的不同任务,引导孩子了解不同年龄阶段对美有不同的追求,不同年龄段有不同的美,只有适合自己的才是最美的。美不单单是一张漂亮的脸蛋、一身好看的衣服,更是良好的涵养、端庄的举止和优雅的气质,而后者更具有魅力,也更持久。建议孩子把注意力转移到注重内在的发展和成长方面来。

📖 拓展读吧

心理学上把照镜子看作是人类体验自我的重要时刻,连猩猩照镜子都会做出很惊讶的样子,因为它看到了自己。人类在照镜子时产生的内心体验尤其重要,通过照镜子可以发现自我。虽然空谈自我时并不知道自我存在于何处,呈现什么样的状态,但如果通过镜子看到自己的形体后,对自我的理解就会以自己的形象为基础,而自我人格的发展也以身体为边界。心理医生在治疗当事人时,经常碰到当事人不能认同自我,比如认为自己不聪明、不可爱,挑剔自己眼睛小了、个子矮了等。面对当事人的这些负面情绪,医生会鼓励他去照镜子,学习对镜子微笑,这样可以很好地提高自我认知水平。

61. 如何帮助孩子处理负面情绪

家长来信

我们夫妻是做生意的，平时比较忙碌，陪伴孩子不多。小学阶段感觉和儿子相处还算融洽，但发现孩子进入中学后，脾气变得很大，特别听不得批评意见。昨天看到儿子考试成绩退步，我们就直接质问和批评了他，结果我们还没有批评几句，儿子就赌气跑到自己的房间并重重地把房门关上，反锁上了门，我们就站在门外继续边捶打门边训斥孩子，然后听到房间里拖柜子堵门的声音、把东西摔在地上的声音、撕书的声音，甚至还有孩子用头撞墙的声音……整个晚上孩子既没有吃晚饭，也没有出过房门。当然孩子在里边做些什么，我们也不得而知。整个晚上我和他爸都没合眼。面对处于负面情绪中的孩子，我们该怎么去帮助孩子呢？

原因解读

情绪是指对人的需要获得满足与否所表现出的心理状态。也就是说，如果一个人的需要获得满足，那么就会产生正面的情绪；如果一个人的需求没有得到满足，那么就会产生负面情绪。常见的情绪有喜、怒、哀、乐、惧，人们习惯于把情绪粗略地分为负面情绪和正面情绪。负面情绪有紧张、焦虑、担心、痛苦、忧愁、无聊、寂寞、恐惧等；正面情绪有快乐、兴奋、平静、轻松、自在等。

处于青春期的孩子,由于身体的急速发育,而心理的成熟度又跟不上身体发育成熟的步伐,加上青春期孩子大脑中主管情绪的器官发育还不够完善,客观上也导致孩子控制情绪的能力有限。另外,青春期的孩子面临来自各方面的压力,对未来心存迷茫,与家长易发生冲突。这些都导致青春期的孩子情绪波动比较大,所以青春期容易成为孩子人生当中的"多事之秋",他们的情绪是比较复杂的,也很容易产生负面情绪。

信中的孩子也许是没有掌握一些科学的释放、疏导、转化自己负面情绪的方法,并且父母面对儿子的负面情绪使用了责骂等错误的教育方式,没有正确疏导孩子的不良情绪。

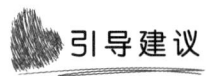

引导建议

第一,心平气和地去理解和接纳孩子当下的状态。

当孩子正处于负面情绪中,或者在用对自己或他人都没有实质性伤害的方式释放情绪时,家长需要自己先平静下来,允许孩子进行合理的宣泄,给孩子提供时间和空间来处理情绪,切忌立即批评、指责、教育孩子。这个时候一味地说教和指责并起不到教育效果,反而会激起孩子更强的情绪爆发,带来更大的危害。

第二,帮助孩子科学、有效地管理情绪。

当孩子情绪缓和后,家长要帮助孩子标记和表达刚才的情绪,比如是伤心、愤怒还是悲伤等,引导孩子分析刚才产生情绪的原因,并让他探索、寻找到至少三种释放和转化负面情绪的更好的方法。同时提醒孩子将这些方法具体运用到生活当中,从而掌握一些适合自己的管理情绪的方法。

第三,培养孩子进行体育运动。

根据孩子的性格特点、喜好等,安排孩子有计划、有目的地参加体育运动，培养其在该方面的兴趣爱好。适当的体育锻炼不仅可以促进生长发育、强健体魄，更是释放负面情绪、放松身心的好途径。

第四，父母改变教育方式，为孩子做好情绪管理的榜样。

孩子进入青春期后，父母要以朋友的身份与孩子相处，多尊重、协商、引导和建议，少专治、指责、命令和要求。另外，父母本人擅长管理自己的情绪、能成为情绪平和的父母，不仅可以为孩子提供榜样示范，还有利于有效、科学地对孩子进行教育和指导。

拓展读吧

在古老的西藏，有一个叫爱地巴的人，每次因和人起争执而生气的时候，他就以很快的速度跑回家去，绕着自己的房子和土地跑3圈，然后坐在田地边喘气。爱地巴工作非常努力，他的房子越来越大，土地也越来越广，但不管房子和土地有多大，只要与人争论生气，他还是会绕着房子和土地跑3圈。

直到有一天，爱地巴很老了，他的房子和土地已经很广大，他生气后仍然拄着拐杖艰难地绕着土地跟房子好不容易走了3圈，爱地巴独自坐在田边喘着粗气。他的孙子在身边问他："阿公，您年纪这么大了，这房子和土地这么大，您不能再像从前那样一生气就绕着土地走啦！您可不可以告诉我，这么多年您为什么坚持一生气就要绕着土地跑或走上3圈？"

爱地巴终于说出隐藏在心中多年的秘密："年轻时，我若和人吵架、争论而生气，就绕着房子和土地跑3圈，边跑边想，我的房子这么小，土地这么小，我哪有时间和资格去跟人家生气。一想到这里，气就消了，于是就把所有时间用来努力工作。"孙子又问："阿公，您后来变成这里最富有的人了，为什么还要绕着房子和土地跑呢？"爱地巴笑着说："我现在还是会有生气的时候啊，不过现在生气时走3圈，边走边想，我的房子这么大，土地这么多，我又何必跟人计较？一想到这里，气也就消了。"

62. 如何培养孩子自理、自立的能力

家长来信

我儿子是在他爷爷奶奶的百般呵护下长大的。现在他上中学了,离家较远,只好寄宿在学校。开学才两个星期,他几乎天天晚上因想家而躲在被子里偷偷流泪。更糟糕的是同学们常常嘲笑他依赖性太强、自理能力太差:平时的衣服自己不洗,周五一起带回家;日用品总是丢三落四;床上用品也整理不好,导致寝室评比扣分。他觉得很没面子,在同学们面前抬不起头,为此很苦恼。我们父母该如何帮助他提高自理、自立的能力呢?

原因解读

如今许多孩子对父母的依赖性很强,一旦离开父母就精神不安、情绪不稳定,生活也无法自理,社会适应不良,这些都是青少年常见的心理发育不足的表现。其起因主要是父母未重视给孩子"心理断乳"。进入青春期后,孩子要逐渐成为一个自理、自立和自主的独立个体,必须经历"心理断乳",才有可能在脱离父母的监护、照顾后也可以很好地独立生活和学习。

信中的孩子由于小时候爷爷奶奶过多的包办和呵护,在溺爱下长大,缺乏自理和自立的意识与能力,父母也没有及时给予教育和引导。

引导建议

第一,认真倾听孩子自身的感受和需求。

父母要找个合适的机会,认真听听孩子当下的真实感受和需求,和孩子一起分析造成目前困境的主要原因,并商议出解决问题的可行方案,制订好计划,一步一步实施。

第二,学会放手,让孩子学会生活自理。

让孩子从在家时就开始自己的事情自己做,学着自己整理和打扫自己的房间,学会洗衣服、做饭等家务。在这一过程中,父母放手让孩子大胆尝试,并提供及时的示范指导,这样孩子的生活自理能力便会慢慢提高。

第三,让孩子尝试独立解决问题。

针对住校生活的适应问题,可以和孩子一起探讨解决方法并写下来形成方案,具体到学习和生活上时间的分配问题,想家时如何转移思念的可行性办法等,让孩子尝试尽可能自己想办法解决问题,不过度依赖父母和老师,慢慢提高适应能力和自理、自立的能力。

第四,家长需要转变教育观念、改变教育方式。

能力都是在做一件件具体的事情中慢慢锻炼出来的,所以家长需要有意识地鼓励孩子多做事、做不同的事,学会放手和舍得"用"孩子,从而培养孩子的独立性,让孩子掌握基本的生存技能。无数事实证明:只有经历过风雨的孩子,才会长得更壮、飞得更高。

拓展读吧

被养在鱼缚中的热带鱼,不管经过多长时间,始终长大不了多少。如果将这种鱼放到水池，经过两个月左右的时间，原本三寸的鱼可以长到一尺。

对孩子的教育也是如此。孩子的成长需要更多的自由和空间，父母的保护就像鱼缸，孩子在父母的鱼缸中难以长成大鱼。要想孩子健康地壮大、成长，一定要给孩子更多空间、更多自由、更多行动机会，不能让他们拘泥于小小的"鱼缸"。

第四辑 心理品质提升是孩子成才的基石

63. 孩子不适应新的学习环境，怎么办

家长来信

儿子刚升入初中，开学后的新鲜感没保持几天，脸上就写满了失落。回家总跟我们抱怨：看着班上一张张陌生的面孔，脑海里总浮现小学同学的身影，十分想念他们；上课时注意力无法集中，常常走神，不爱发言；课后作业完成起来也没劲头；背着沉沉的书包，走在上学的路上，只想着周末快点到来……看着孩子的现状，我们心里很急，感觉有力无处使，真不知该怎样帮助孩子，让他尽快融入新集体、适应中学的学习生活。

原因解读

来信中孩子的这种情况在初中新生中比较普遍。进入一个新的环境，大人都多少会有不适，更何况是正处于身心不断成熟的十几岁的孩子呢？

初中的学习环境、学习任务和学习方式与小学相比有很大的差异；初中的学习内容难度增加了，范围扩展了，学科的门类增多了，要求有新的方法和策略来安排学习进程。另外，初中生正处于青春发育期，在身体形态、体内机能、神经系统和性成熟上，都发生着巨大变化，而身心上的巨大变化都会影响其对新环境的适应。

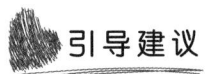 引导建议

第一,父母先理解和接纳孩子目前的状态。

在生活中,成年人遇到工作变动等环境改变的情况时,都会或多或少出现不适应的过程。那么对于一个未成年的孩子来说,到了一个新的学校、面对新的学习环境,在前期有不适应的情况当然也属正常,所以父母对此要表达理解和接纳,而不是指责、批评或表达对孩子的失望,并且需要给到孩子必要的支持和帮助。

第二,协助孩子认识新学校、爱上新学校。

这原本该在孩子还没有走进学校大门时,父母就要提前做好这个功课,让孩子更好地适应新学校的学习生活。如果前面没有做这方面的功课,现在仍需来补这一课,建议家长有意识地提前带孩子一起了解这所学校的办学特点和特色,特别是结合孩子的喜好和兴趣,帮助孩子找到融入学校的突破口和契机。

第三,鼓励孩子学会真诚待人和欣赏他人。

真诚待人和欣赏他人是打开人际交往大门的金钥匙。当孩子学会主动积极、真诚地和他人相处并能够愉悦地欣赏他人时,孩子的朋友慢慢就会多起来,朋友多了,自然也有助于克服环境变化带来的诸多不适应。

第四,科学引导孩子学会体验学习的乐趣。

学习是件有苦也有乐的事情,引导孩子学会发现学习中的乐趣:战胜困难后获得的喜悦感,努力取得理想成绩后获得的满足感,攻克学业难题后获得的成就感……家长帮助孩子不断强化快乐的体验,慢慢地就会让孩子爱上学习。

> 拓展读吧

心理适应能力测试

（一）问题

1. 若把每次考试的试卷拿到一个安静、无人的房间去做，我的成绩可能好一些。

2. 夜间走路，我能比别人看得更清楚。

3. 每到一个新的地方，我往往会出现诸如失眠、心烦、吃不好、拉肚子等小毛病。

4. 我在正式考试或测验时所取得的成绩比平时的要好得多。

5. 尽管我已把演讲稿记得很牢，可是在讲演的时候却还是会出些差错。

6. 如果有必要，我可以通宵达旦地工作和学习。

7. 夏天我比别人更怕热，冬天比别人更怕冷。

8. 即使在混乱嘈杂的环境里，我仍能集中精力高效率地学习和工作。

9. 体检时，医生会说我心跳过快，其实我的脉搏很正常。

10. 在会上发言时，我比别人更镇定、更自然。

11. 当家人的朋友来时，我常常想方设法地躲避他们。

12. 外出时，我能很快地适应当地的生活习俗。

13. 参加重大比赛时，场面越热烈，我的成绩表现就越差。

14. 讨论问题时，我能流利地表达自己的看法。

15. 很多事情我更愿一个人做而不愿多人合作。

16. 当和大家意见不一致时，我能坚定自己的立场或意见。

17. 在公众面前或面对生人时，我常有心跳加快的感觉。

18. 我能注意到应该注意的细节，不管当时的情况多么紧迫。

19. 与别人讨论时，我常常觉得自己没话说，事后却常能发觉自己有很多理由可以反驳对方。

20. 学习新知识或新科学，能调动我的积极性。

（二）评分

A. 很符合我的情况；B. 比较符合我的情况；C. 不能肯定；D. 不太符合我的情况；E. 根本不符合我的情况。

凡属单号题，从 A 到 E 的选项答案分别记 1、2、3、4、5 分，即 A：1 分，B：2 分，C：3 分，D：4 分，E：5 分。凡属双号题，从 A 到 E 的选项答案分别记 5、4、3、2、1 分，即 A：5 分，B：4 分，C：3 分，D：2 分，E：1 分。

（三）答案与分析

全部 20 道题得分与心理适应能力的关系如下：81~100 分表明心理适应能力很强，61~80 分表明心理适应能力较强，41~60 分表明心理适应能力一般，21~40 分表明心理适应能力较差，0~20 分表明心理适应能力很差。

第四辑　心理品质提升是孩子成才的基石

64. 如何引导孩子合理使用手机

家长来信

我和孩子他爸是在大学认识的，那时候他喜欢玩游戏，但是他比较有自控力，也会安排好时间，学习游戏两不误，所以我觉得玩游戏没有什么问题。有了孩子后，老公依然玩游戏，我也喜欢玩手机，所以我们对孩子用手机就没有过多的限制。我觉得使用网络是现代人必须掌握的技能，所以儿子想拿我手机玩一会儿，我都是同意的。儿子上初中之后，他要求我们给他买一台手机，我要儿子考进班级前十名就给他买，他果真做到了，我也履行了我的诺言。儿子如今上八年级了，经常和班上的同学一起在手机上玩游戏，每天都会玩很久，一开始还会做完作业再玩，现在却是先玩手机再做作业。他最近视力也开始下降，我很担心他，多次和他沟通都没有效果，在网上也看到一些孩子因为被禁止玩手机而离家出走，甚至跳楼，所以我也不敢过于强硬地阻止，我该怎么办？

原因解读

最近几年，智能手机的普及确实是给我们的生活带来了种种便利，但是同时对手机的依赖也给我们带来了很多负面的影响。

孩子就似一粒种子，结出什么样的果和它种在什么样的土壤里，有着直接的关系。孩子的成长环境就是他赖以生存的土壤，比如家庭环境、学校环境、同伴环境和社会环境等。而造成孩子过度使用手机的原因可以归结为以下几个方面。其一,大环境对孩子的影响。智能手机的普及,让孩子接触手机的机会大大增加。其二,父母行为示范对孩子的影响。父母都是爱玩手机的人,而且也明确表示不反对孩子玩手机,孩子也开始模仿学习。其三,学校的同学在玩游戏,为了保持与同伴的关系,为了与同伴有共同的话题,也会使孩子想去玩手机游戏。其四,父母没有发挥有效的引导、预防和监管作用,也造成目前比较被动的局面。

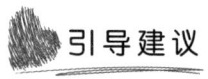

引导建议

第一,尊重孩子,了解孩子的需求。

家长控制好情绪,与孩子平和而愉快地沟通交流,了解孩子喜欢玩手机的原因,并看到孩子背后的心理需求。比如孩子玩手机游戏是为了找到自我价值、情感归属,或是为了打发无聊、释放情绪等,这说明孩子在手机游戏以外的生活和学习中心理需求并没有得到满足,也就给我们家长提供了对过往教养的反思和未来修正的方向。家长切忌情绪暴躁、态度强硬,这样将会适得其反,可能会导致孩子激烈反抗,产生更加严重的后果。

第二,制订手机使用计划,关注并监督孩子的执行情况。

如果目前与孩子关系良好,则可以和孩子直接来约定手机使用计划;如果目前与孩子关系有些紧张,则需要缓一缓,先和孩子建立良好的关系。当孩子对家长的抵触情绪不明显了,再适时协商出合理使用手机的计划,约定内容要具有操作性,并有奖有罚。最开始时父母需要多关注和监督孩子执行计划的具体情况,慢慢地孩子将学会自我控制,并形成新的习惯。

第三,家长以身作则,做出正面的榜样。

父母是孩子的一面镜子,想要让孩子成为什么样的人,家长首先要努力成为什么样的人。父母想要孩子合理使用手机，懂得自律，那么父母同样也要做到。父母以身作则不仅能提供好的榜样示范，同时也为孩子营造了良好的家庭氛围。所以父母在孩子面前尽量减少使用手机的频率，主动和孩子聊聊学校生活、孩子感兴趣的话题或社会热点事件等。

第四，转移孩子兴趣，成功寻找替代品。

很多孩子沉迷于手机或游戏，但并没有上瘾，而是凭他目前的认知、眼界、能力和资源，还没有发现其他有趣且更有意义的事情可以去做，所以家长可以带孩子开展孩子喜欢的户外活动，如果孩子目前还没有喜欢的文体活动，父母要想办法培养出孩子其他的兴趣爱好，从而让孩子开阔眼界、转移兴趣，提升审美情趣。

拓展读吧

20世纪60年代，一个"棉花糖实验"成为心理学界著名的实验。当时研究人员告诉孩子："盘子里有一颗棉花糖，如果马上吃掉就只能吃一颗，如果等15分钟后再吃，会再奖励你一颗，你就可以吃到两颗，这个由你自己决定。"说完，工作人员就出去了。

房间门关上后，三分之二的孩子迫不及待地把棉花糖马上吃了，只有三分之一的孩子忍住没有吃，最后获得了两颗棉花糖。

这个实验最吸引人的部分，是研究人员对这些孩子进行了几十年的追踪和研究。

他们发现，那些能够为获得更多棉花糖而坚持忍耐更长时间的小孩要比那些缺乏耐心的孩子成绩更优异，有更清晰的人生规划，与朋友相处更融洽。

让小孩子在美味的棉花糖面前等待15分钟，其痛苦程度堪比成年人的游戏瘾犯了却忍着不玩游戏、烟瘾犯了却忍着不抽烟一样。对任何年纪的人来说，等待都是一项挑战。

而这些抵制住棉花糖诱惑的孩子，具备了成功最重要的原则——自控力。

65. 孩子迷恋明星，怎么办

家长来信

我们女儿上八年级，是个狂热的追星族。她特别喜欢易烊千玺，把他的照片贴了一满屋，花了很多钱去买登载这个明星照片和访谈的杂志、书籍，四处搜集关于他的报道，家人不能说这个明星任何不好，否则女儿就会翻脸。有一次因为班上几个男生说易烊千玺的不是，女儿跟他们大吵了一架还差点打起来。

听说这个明星在长沙一所中学读过书，女儿哭着闹着要去读这所学校。我们离那所学校特别远，根本没法去读，她还哭闹了很久。现在知道这个明星要去读中央戏剧学院，女儿就把这个大学作为终极目标，但我们认为女儿根本没有当艺人从事表演、歌唱的天赋，希望她能够更加慎重地规划自己的生涯，又引发了女儿的不满。我们究竟应该如何看待和引导孩子"追星"呢？

原因解读

关于青少年狂热追星，其背后有着复杂的原因。其一，从宏观因素来看，主要是市场经济的发展和媒体传播的复杂化。明星台前尽显风光，台后奢靡挥霍，尤其是关于一些明星一夜成名、一夜暴富等报道让价值观和人生观还不够成熟的青少年无法正确看待娱乐行业的特殊性，导致对明星这一行当产生诸多幻想，期待自己也能登上光鲜亮丽的舞台。其二，从微观因素来看，狂热追星有着深刻的心理成因，主要源于青少年心理成长中的"同一性危机"。处于青春期的孩子，生理逐渐成熟，情感需要寄托。同时由于不能很好地实现自我成长与自我接纳，缺少自我认同和社会认同感，于是有一些孩子试图通过对明星的崇拜来重建自我，他们通过对明星的服饰、爱好、习惯、行为的模仿，想象自己也是一个被人喜欢的人，借此度过认同危机，获得满足感。其三，因为周围的很多同学也都喜欢某个明星，借此获得彼此认同和归属感，这也是追星让人痴迷的地方。

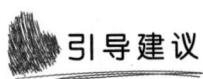 引导建议

第一，切莫把追星视为洪水猛兽。

其实父母回头想想，在成长的历程中，谁不曾喜欢过一两个偶像呢？他们看起来光芒万丈，站在舞台中央追逐梦想。从偶像身上，我们获取温暖，汲取前行的经验和动力。我们喜欢一个偶像就像喜欢一本书、一首歌、一个朋友一样，本身无所谓对错，孩子可以通过向偶像学习来实现自我追求，这也是自我探索的过程，可以给孩子带来很多积极的影响。

第二，不要在孩子面前随意诋毁该明星。

发现孩子的追星行为不太理性或者崇拜具有负能量的明星，也不要简单粗暴地随意诋毁该明星。这种诋毁会让孩子的抵触心理更为严重，在这种情况下，家长的善意言语与行为在孩子眼里都会被当作恶意的，反而使孩子产生抵触心理。

第三，引导孩子全面地看待明星。

去搜集一些关于该明星的报道，从而跟孩子有共同话题可聊。与孩子交流该明星的一些情况，引导孩子全面地看待该明星，揭开蒙在明星身上那层神秘

的面纱。让孩子意识到，明星身上的光环是其职业所赋予的，在现实生活中，他们也有自己的喜怒哀乐，也是一名普通人。多引导孩子关注明星的正面形象和优秀品质，比如明星为了事业所付出的艰辛努力。

第四，帮助孩子建立自我认同。

可以让孩子思考"什么样的行为才是对自己所爱明星的支持"。让孩子理解用内心的"偶像"为自己的成长提供持续的动力，去学习该明星的优秀特质来完善自我，让他们的优秀品质在自己身上得到应用。

拓展读吧

2002年，中国青基会接到了几百笔"神秘"的捐款——所有的捐款都汇入一个专用账号用于支持《读者》杂志社联合中国青基会举办的"种读者林，保护母亲河"活动，所有的捐款者都用了同一个名字：言承旭。

言承旭是当时红极一时的中国台湾男子偶像组合"F4"的领军人物，他的孝顺、敬业、真诚深深地打动了他的众多歌迷。2002年4月，在一个言承旭歌友会的网站上，一个网名"拖拖拉拉"的网友向网站负责人和其他歌迷发出了一个倡议，倡议言承旭的所有歌迷用特殊的方式表达对自己偶像的喜爱——捐建以言承旭命名的"希望林"。

信息一经发出，获得强烈的反响。来自包括香港、澳门、台湾等在内的祖国各地及美国、英国、日本、加拿大、新加坡、新西兰、马来西亚等国家的几百笔汇款雪片一般地飞向中国青基会。

偶像的力量是巨大的，追星也有不同的方式。言承旭的歌迷们把"追星"演绎成为一件极为美好又富有创意的活动。将小爱汇聚成大爱，让小我成长为大我。"希望林"在成长，偶像在成长，歌迷也在成长！

66. 孩子有心想做"网红",怎么办

家长来信

前不久,我在手机上看到一些短视频,发现不少孩子也活跃其间,我突然意识到"网红"文化已经渗入青少年当中了。于是,我找了个时间特意跟读八年级的儿子交流了与"网红"相关的话题,想知道他怎么看待这个问题。不问不知道,一问吓一跳,儿子竟然也发出"要是能做个网红就好了,做网红多么好"的感叹,理由则是门槛低、赚钱快、关注的人多。好在他只是想想,还没有具体的实施办法,但足以让我焦虑万分了,没想到"网红"的影响力已经这么大。可是,作为父亲,我该如何引导孩子,让他正确客观地看待"网红"呢?

原因解读

提到"网红",很多家长的解读可能都偏负面,这与目前的行业发展现状有很大关系。

孩子们看到的多数"网红",都是网络推手运作的结果。那些搞怪、新奇、夸张的视频,一夜之间爆红网络的传闻,都吸引着青少年满是好奇的眼睛。孩子们如果没有经过正确的引导,没有树立清晰的价值观,思想和行为很容易被带偏,通过模仿做出一些挑战传统、刷新"三观"的行为让自己火起

来，比如化着浓妆学大人搔首弄姿等，一心想着靠"吸引眼球"赚快钱。

因此，家长需要引导孩子形成正确、客观的"网红观"。

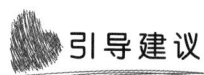

引导建议

第一，跟孩子一起了解和正确认识"网红"。

成为"网红"是一件坏事吗？不一定！

什么是"网红"呢？他们是在现实或网络中，因为某个事件被广大网民关注而走红的人，或因为长期持续输出专业知识而走红的人。你可能因为一首歌、一支舞成为"网红"，也可能因为某个热心举动而被网民广泛传播成为"网红"……从主观意愿上来看，有主动谋求的也有被动意外的。

在引导和教育孩子前，父母先要形成辩证、客观的"网红观"。"网红"这一职业是当下时代的热点，处于发展初期，很多地方尚须规范。作为父母，不能盲目地否定，可以与孩子一起了解正能量"网红"成名的原因，探索"网红"成长背后积极正面的故事，从而辨别和规避那些负能量"网红"的影响。

第二，与孩子一起解析"网红"素养，培养孩子核心能力。

近些年，追星和梦想成为明星是盛行于青少年当中的潮流之一。时下的"网红"坐拥大量粉丝，影响力比肩明星，家长可以选择几位贴近孩子且积极正面的"网红"，以此为参照，跟孩子一起分析："假设我要成为一名网红，该具备哪些核心素养？"

首先，是否具备独特的才能和持续的内容创意。"网红"是需要持续向外输出内容的，如果没有对某种事物独特且深刻的见解，很难保持长久的热度。其次，是否可以投入足够的时间。"网红"对网络有高度的依赖性，而完成学业是孩子必须做的事，这就需要做好学习与社交媒体之间的时间分配。时间分配不合理，必然会影响学习。最后，是否具备良好的心理素质。网民素质良莠不齐，作为公众人物，自己的生活点滴都会被放大，甚至被过度解读，很多"网红"在出名后都因网络暴力而身心不堪重负。

第三，引导孩子形成正确的理想观，做好人生规划。

"我想做什么？我想成为谁？"这是青春期孩子反复思考的职业生涯规划问题。"网红"并不是成名致富的捷径，单靠外貌根本不足以支撑起梦想。

曾听过一个孩子的梦想是"捡破烂"。为什么呢？孩子对环保非常着迷，看了很多这方面的书，他觉得可以从破烂里回收很多有用的资源。可父母一听到孩子想"捡破烂"，头就大了，一味地责怪孩子没出息，哪里会有理解和支持！

其实，家长不必纠结于孩子梦想的表象，在每一个关于未来的想象中，可能已经包含了他的优势、热情和兴趣，这些才是最宝贵的种子。

拓展读吧

我们的时代需要什么样的"网红"？一个正能量"网红"应该具备哪些特质？新浪微博超人气博主——回忆专用小马甲（以下简称"小马甲"）为我们树立了一个正能量"网红"的真实榜样。

如果你认为小马甲的走红，仅仅是因为他养了一只叫端午的猫和一只叫妞妞的狗，那么你只是看到了表象。小马甲的粉丝数超过2700万，力压当红"小鲜肉"，连续两年位列"新浪V影响力排行榜"第一。

简单来说，他成为"网红"始于养宠，归于走心。具体来说，他的文字总是能很暖人，于诙谐幽默中化解人生的沮丧与悲伤，随之而来的是一种积极向上的力量。

他真实如我们：有希望像古天乐一样帅的小心思，也钟情于深夜美食节目。

他足够坦诚，变成有钱人了，并不否认；在相对自由地做自己喜欢的事情的同时，也不忘履行"网络大V"的责任，帮助山区孩子，关注流浪动物。

这就是小马甲。他当然也有自身缺点，但作为具有传播力、影响力的草根明星，他的优点十分明显。从心理层面说，这些优点符合网民对公众人物形象的美好向往；从社会层面说，这些优点恰恰也是主流价值观的体现，我们需要这种正能量的"网红"，也需要这种网络正气。

他始终认为，自己只是一个幸运的普通人，传播正能量是一个"网络大V"应该承担的责任，希望自己可以照亮更多人内心的角落。

后 记
当父母是一辈子的修为

世界上最简单的职业是"家长"。因为上岗前无须培训，不用考级，几乎所有父母都是无"证"上岗。世界上最难的职业也是"家长"，因为他们面对的是一个个鲜活的人、一个个独一无二的孩子。所谓父母子女都是一辈子的因缘，一旦成为"父母"就不能"转行"，更不能半途而废。

随着经济的大发展、社会的大变革，当今我们所处的时代，物质条件空前富足，但随之而来的却是家长对孩子教育的焦虑——不仅焦虑于未来的终点线，更焦虑于当下的起跑线。于是，"忙"和"累"成了这个时代"家长"的共同生命状态。个别家长甚至认为为家庭赚更多的钱、买更好的学区房，就是为孩子铺更好的路。

如果把孩子比喻成一颗树苗，那么父母就是培育树苗的土壤；如果把生命比喻成一场远行，那么家长和孩子则是相伴前行的同路人。土壤足够肥沃，树苗才能长成参天大树。如果家长不花时间和精力学习，放弃自我成长，就会被孩子远远甩下。

因此，努力成为优秀的父母，让自己成为孩子的核心竞争力，是我们作为父母一辈子的修为。作为一名教育工作者，同时作为一名父亲，我认为：最优秀的父母，不是拥有多少财富，不是具有多高的地位，而是一个不断学习、持续成长的父母。

育儿先育己，父母当修为。为人父母者，应该修什么，又该如何修炼？我想说来不过是三颗心，即平常心、平等心、平和心。

修一颗平常心。世上大多数孩子都会成长为平凡的普通人。所以，比成功更重要的是幸福。面对孩子，家长要摒弃功利心，保持平常心——杜绝过高的期望，减轻孩子的学业负担，把时间还给孩子，把孩子还给自然，让孩子更像孩子。

修一颗平等心。孩子是一个独立的个体，他们既不是家长的下级，也不是附属品。聪明的家长，不妨用一颗平等之心，多一点蹲下来的行为，多一点换位的思考，站在孩子的角度看世界、想问题。与孩子平等交流，方能给予引导。

修一颗平和心。可以预见的是，孩子的成长不可能一帆风顺，总会碰到这样那样的问题。孩子出现问题不可怕，这反而是教育的最佳契机。只要家长保持平和心，善于把握这样的机会，教育就会产生事半功倍的效果。

他山之石，可以攻玉。本书以案例的形式，针对孩子成长和家庭教育中常见的66个问题，给出了解决问题的思路和专业的回答。循着这些问题，认真读懂、用好书中蕴含的教育智慧，一定能够帮助我们提升家长的修为功夫。

卢鸿鸣

长沙市教育局党委书记、局长

致　谢

在本书的编写过程中，编委会得到了中国家长教育学科带头人齐大辉、上海市心理特级教师杨敏毅、湖南省家长学校研究会学术委员会主任薛根生、湖南省关工委主任杨泰波、长沙市关工委主任董学生、长沙市教科院党委书记胡志豪等各位领导和专家的大力支持。我们要特别感谢长沙市教育局局长卢鸿鸣，长沙市教育局副局长孙传贵，长沙市教育局党委委员、工会主席、关工委主任陈仕强，长沙市教育局副调研员、关工委常务副主任成群芳以及长沙市教育局所有同人的关怀与指导，正是他们同所有编写人员以精益求精的态度反复研讨，才使本书的理论性与操作性有机融合。

我们还要特别感谢湖南省关工委、湖南省教育厅关工委、长沙市关工委、湖南教育出版社等单位或机构对本书出版工作的倾情帮助与指导，才让本书顺利而及时地与广大家长见面。

著作权所有，请勿擅用本书制作各类出版物，违者必究。

图书在版编目（CIP）数据

新时代父母成长课堂66问/张晓阳主编. —长沙：湖南教育出版社，2020.8
ISBN 978-7-5539-7220-6

Ⅰ. ①新… Ⅱ. ①张… Ⅲ. ①家庭教育—问题解答 Ⅳ. ①G78-44

中国版本图书馆 CIP 数据核字（2019）第 196341 号

XINSHIDAI FUMU CHENGZHANG KETANG 66 WEN

书　　名	新时代父母成长课堂66问
责任编辑	曾　恺　武龙梅
责任校对	王怀玉　胡　婷
装帧设计	阙　铭
出版发行	湖南教育出版社（长沙市韶山北路443号）
网　　址	www.hneph.com
电子邮箱	hnjycbs@sina.com
微 信 号	贝壳导学
客服电话	0731-85486979
经　　销	湖南省新华书店
印　　刷	湖南省众鑫印务有限公司
开　　本	710 mm×1000 mm　1/16
印　　张	16
字　　数	210 000
版　　次	2020年8月第1版
印　　次	2020年8月第1次印刷
书　　号	ISBN 978-7-5539-7220-6
定　　价	30.00元

如有质量问题，影响阅读，请与湖南教育出版社联系调换。